O RITO MODERNO (FRANCÊS) ENSAIOS FILOSÓFICOS

Volume 2
Grau de Companheiro

JONAS DE MEDEIROS

O RITO MODERNO (FRANCÊS) ENSAIOS FILOSÓFICOS

Volume 2
Grau de Companheiro

JONAS DE MEDEIROS

EPÍGRAFE

Não há como negar, a tristeza e as provações da vida são um caldeirão fervente de inspirações para aqueles que buscam traduzir em palavras transcritas seus sentimentos, emoções e anseios mais profundos. Afinal, a sociedade contemporânea não nos permite agir da forma como nossos corações desejariam, somos civilizados demais para não compreender as consequências de nossos atos e omissões, portanto, a conversão daquilo que desejamos em crônicas é uma das possíveis formas de traduzir nossa mente através da Arte do Trivium com a justa retórica, a imprescindível lógica ou dialética e a necessária gramática com a qual traduzimos tudo àquilo que desejaríamos expressar.

Jonas de Medeiros

SUMÁRIO

PRÉFACIO

O grau de companheiro maçom é sem sombra de dúvidas o grau mais negligenciado em toda ordem maçônica. É tratado indevidamente como um trampolim, um grau passageiro e intermediário entre a condição de aprendiz e o derradeiro objetivo da plenitude maçônica, o mestrado. No Rito Moderno, infelizmente não é muito diferente, não por uma questão ritualística, mas sim, por uma questão interpretativa advinda das concepções pessoais dos obreiros que compõem a oficina.

Afinal a razão de ser de uma loja maçônica é o grau de aprendiz (perdi de longe o número de vezes que ouvi essa expressão, o pior é que não está de todo errada). As oficinas simbólicas são direcionadas ao trato com os aprendizes sob o comando e orientação dos mestres, é comum que os companheiros apenas nutram um limbo simbólico e filosófico aparente, enquanto são testados na paciência, em sua espera pela câmara do meio.

Porém, nada na maçonaria é simples, ou está explicitamente desbravado. O conhecimento não emerge de uma convivência simplória na qual por osmose se absorvam as verdades universais, onde magicamente os companheiros, ao banhar-se com mais intensa luz, absorveriam os fundamentos e postulados universais da ordem. Não, isso não ocorrerá. Portanto, é preciso que se deixe a velha tratativa para com o grau de companheiro maçom de lado e passe-se a trilhar a construção primordial do ser crítico-reflexivo fundamental às colunas dos templos maçônicos dedicados à virtude.

É necessário que o companheiro maçom exerça seu papel, assuma as rédeas do entendimento e da interpretação e sim, trilhe o questionamento fundamental do ser o qual o define como obreiro. Somente então será possível adquirir a devida valorização por parte dos mestres e o devido respeito por parte dos aprendizes.

Para tanto sugiro previamente a leitura dos seguintes títulos pelo olhar do Grau de Companheiro, os quais auxiliarão no seu entendimento sobre o Rito Moderno e que particularmente considero como base para construção de sua biblioteca maçônica neste grau:

- MUNIZ, André Otávio Assis. **Novo Manual do Rito Moderno** - Grau de Companheiro (Completo). São Paulo: A Gazeta Maçônica. 2007.

- COMTE-SPONVILLE, André. **Pequeno Tratado das Grandes Virtudes**. São Paulo: Martins Fontes. 1999.

- JUNG, Carl Gustav. **O homem e seus símbolos**. Tradução de Maria Lúcia Pinho. Nova Edição. Rio de Janeiro: Nova Fronteira. 2008.

- JOSEPH, Miriam. **Trivium**: As artes liberais da Lógica, Gramática e Retórica. São Paulo: É Realizações Editora. 2015.

- MARTINEAU, John. **Quadrivium**: As quatro artes liberais clássicas da Aritmética, da Geometria, da Música e da Cosmologia. Tradução de Jussara Trindade de Almeida. São Paulo: É Realizações Editora. 2014.

E por fim, vale lembrar que este livro se destina ao uso restrito de maçons (*Intra corporis*), sendo especialmente dedicado aos maçons do Rito Moderno federados ao Grande Oriente do Brasil. Porém, parafraseando Juvenal Antunes Pereira (2011), ilustre membro da Academia Maçônica de Letras do Distrito Federal (GOB), afirmo que neste trabalho em particular, não estão explicitamente abertos os mistérios da instituição, principalmente pelo fato de que, para haver uma correta interpretação de seu conteúdo é necessário o conhecimento advindo dos cerimoniais de iniciação e elevação (característica primordial da maçonaria como ordem iniciática). Sendo dessa maneira impossível aos leigos em Simbologia e Filosofia Maçônica, compreender plenamente os conteúdos aqui abordados.

Assim, desejo a todos uma excelente leitura e que este trabalho os inspire a questionar e a aprofundar o grau mais significativo de toda ordem, aquele que vai construir adequadamente as bases da filosofia. Afinal se é negligenciada a formação do companheiro, é facultada ao fracasso a integridade do mestre.

Jonas de Medeiros

DEDICATÓRIA

Dedico este trabalho a todo aquele que não desiste da senda do aperfeiçoamento, a todo aquele que busca a verdade e entende que, a verdade é sim um fragmento de algo maior e mais significativo. Este é o segundo passo na caminhada maçônica e sem dúvidas o mais importante.

E dedico de maneira especial, todo o meu esforço e minha caminhada à minha esposa Elisiane Stempkoski, cujo companheirismo, cumplicidade e amor tornam o impossível possível e principalmente à minha filha Lívia de Medeiros, para quem busco, acima de tudo, deixar um legado de orgulho, honra e princípios.

AGRADECIMENTOS

Agradeço de maneira especial ao maçom e grande amigo e verdadeiro irmão - Adilson Macário de Oliveira Júnior que prontamente auxiliou-me na revisão ortográfica e conceitual do presente livro.

Meu irmão, sem seu apoio e trabalho este projeto não seria possível nos moldes em que se apresenta - obrigado.

1 O COMPANHEIRO MAÇOM NO RITO FRANCÊS MODERNO

Passado o período necessário para se construir a instrução simbólica fundamental aos saberes base na formação do maçom enquanto este se encontra na forma de um Aprendiz, é momento de trilhar então, agora que mais esclarecido, os caminhos sob o signo do Companheiro.

Historicamente o grau de companheiro era o grau máximo da maçonaria operativa, onde dentre os companheiros elegia-se um de maior conhecimento e estima dentre todos para assumir a direção dos trabalhos, o denominando de mestre da loja, que após o exercício desse fundamental ofício retornava à condição de companheiro para que outro ocupasse seu lugar. Somente com a passagem da maçonaria de operativa a especulativa, veio o desejo de se incluir mais e mais graus, inicialmente instituindo-se que não se retornava ao grau de companheiro após cumprir seu período dirigente, permanecendo mestre, surgindo assim o terceiro grau, posteriormente vieram os ditos graus superiores, filosóficos e demais ordens sapienciais, incluindo elementos, fragmentando outros pelos diversos graus, até compor o mosaico de ritos e graus do qual a maçonaria contemporânea é composta.

Simbolicamente o companheiro suporta mais luz, ou seja, mais informação sobre aquilo que compõe a instituição (simbólico, filosófico, histórico, etc.), avançando e perseverando no ofício de lapidar e polir sua pedra interior, tornando-a, não apenas útil à obra, mas também bela. E como este se encontra mais experiente, menor é a proteção necessária aos elementos que o constitui como maçom. Essa desproteção, por assim dizer, é a confiança que, agora mais capaz e munido de outras ferramentas além da força e do foco - elementos constituintes do maço e do cinzel - este pode encher-se de coragem para desbravar o grau, munindo-o do brio necessário ao Maçom do Rito Moderno. Brio esse que advém da junção de funcionalidade e beleza, não mais oriundo da simples interpretação, mas agora advindo também do diálogo entre o maçom e seu respectivo simbolismo.

A beleza nutre o companheiro, não sendo mais cobrado em seu ofício apenas o uso da força para dar forma, foco e utilidade ao indivíduo. Devendo o companheiro, enquanto pedra angular na construção da sociedade, prover o adorno necessário e merecido a obra, advindo das formas geométricas mais complexas. Para tanto o companheiro maçom deve se questionar o que seriam das grandes catedrais medievais, dos grandes castelos e suntuosos templos se não fossem os elementos representativos da cultura vivida na época? O que seria da humanidade, sem a inspiração advinda do belo? Fonte da qual emergem as artes liberais.

Observa-se, no entanto, que a beleza aqui referendada no grau de companheiro, não é aquela advinda da fina superfície a qual o simplório está habituado, muito menos aquela beleza da qual se alimenta o ateu estúpido e o libertino irreligioso. Trata-se aqui, da beleza profunda, significativa, simbólica e repleta de significação moral, intelectual e cultural a qual nutre a Ordem Maçônica.

Um dos grandes exemplos da beleza a qual nutre o companheiro em suas ações advém da arte em seus mais diversos aspectos (plásticas, culturais, artísticas, musicais, interpretativas, literárias, entre outras que provocam a mudança de estado naquele que a busca). Outro bom exemplo é com relação ao poder evolutivo e revolucionário da arte que é surgido da sabedoria popular em que se observa que a beleza, mesmo frente aos horrores da guerra, deve ser preservada, para então ser usufruída durante os períodos de paz e bonança (ao menos no passado era assim, motivado não pela simples vontade de preservar, mas motivado pelo acumular de espólios advindos dos saques aos tesouros dos derrotados). Infelizmente observa-se em nossa sociedade contemporânea, imersa em desígnios ideológicos extremistas, a depredação e a destruição da cultura, dos monumentos, da arte e tudo mais que não seja do interesse do dito revolucionário.

Portanto, ao companheiro maçom pertencente ao Rito Moderno (Francês), é facultada a busca pela arte, a defesa do belo e a construção do adorno, indo além da simples função explícita da qual a obra originalmente fora concebida. Afinal, através da arte também somos chamados à filosofia, cerne desse belíssimo e tão negligenciado grau.

Reconhece-se que, ao companheiro maçom, já é facultada a capacidade de, através da introspecção, compreender a verdadeira natureza de suas próprias faculdades, bem como as possibilidades que estas podem proporcionar. Compreende-se, portanto que na maçonaria cabe ao homem livre e de bons costumes o peso da responsabilidade de suas ações, bem como as consequências de seus atos. Desafios dos quais o companheiro munido do pensamento, julgamento e visão interior é capaz de se superar em prol da obra social advinda da glorificação de todo aquele que dignamente trabalha.

A estas capacidades: a análise da obra, o entendimento de seu papel e o assumir de responsabilidades e consequências, é o que permite a todo maçom o exercício de seu Livre Arbítrio.

Esse livre arbítrio é munido da liberdade individual existente no maçom, e está diretamente proporcional ao desenvolvimento de sua inteligência, ou melhor, de sua capacidade de realizar o justo julgamento, que acompanha a equivalente responsabilidade.

1.1 O PESO DA RESPONSABILIDADE

Dando-se continuidade a linha traçada até o presente, entende-se que cabe ao companheiro maçom (em especial no Rito Moderno), compreender que o Livre Arbítrio e as faculdades intelectivas vêm acompanhados de um conceito há muito esquecido nos templos dedicados a construção dos saberes, nos quais atuam as lojas maçônicas, o conceito da Responsabilidade.

Esta responsabilidade é sim, tida como um conceito negligenciado, pois muito se tem observado que o referido tema é fruto de um breve debate entre colunas, no que se refere ao significado da palavra, a sua relação para com o maçom e para com seu impacto na própria ordem. Deveras, esse é realmente um tema polêmico, e o objetivo aqui é sim, gerar a reflexão e não a discórdia ou a simples discussão.

Para tanto, é preciso se iniciar o diálogo pela fundamentação adequada de Responsabilidade, no que tange ao seu significado. Entendendo-se que "Responsabilidade" segundo os dicionários profanos disponíveis, é simplesmente "a obrigação a responder pelas próprias ações", pressupondo-se que as mesmas se apoiam em razões ou motivos (justificados ou não).

> **Responsabilidade** - 1. obrigação de responder pelas ações próprias ou dos outros. 2. caráter ou estado do que é responsável.

Observa-se ainda que o termo aparece frequentemente em discussões e debates sobre determinismo e livre-arbítrio, visto a grande luta do Rito Moderno para que haja a devida resposta pelos atos, pensamentos e palavras, ações e omissões (ou seja, que se assuma a devida responsabilidade) ao se lidar com ambos os temas (determinismo e livre-arbítrio).

Ao se tratar do livre-arbítrio, vale rememorar que não se pode cobrar a devida responsabilidade pelas ações do indivíduo se estas não forem praticadas ou assumidas de livre e espontânea vontade (quando se impõe ao indivíduo o delito sob circunstâncias extremas). Salvo as questões previstas e devidamente tratadas pela legislação profana e maçônica, as quais preveem que o desconhecimento da lei não desobriga o seu cumprimento.

Os motivos das ações de um indivíduo responsável devem fazer sentido sempre que possível e este, enquanto maçom deve fazer-se conhecer por suas opiniões, posições e ações, porém sem causar transtorno ao resto da comunidade, ou provocar ao redor de si as turbulências advindas do sectarismo.

Ser responsável torna-se mais que uma obrigação ao companheiro, não apenas pelo fato de que esta é a obrigação de qualquer cidadão frente a uma vida saudável em sociedade, mas principalmente frente à máxima maçônica de combater a tirania, o despotismo, o preconceito e os erros, na senda de erguer templos às virtudes e cavar masmorras aos vícios. É responder por seus atos de acordo com a sua idade, capacidade e instrução, o que no caso do companheiro, sendo mais esclarecido, visivelmente maior que aquela responsabilidade enquanto aprendiz.

É muito bonito ouvir de maçons a expressão: somos todos aprendizes, ou ainda que, somos eternos aprendizes. Essa forma de entender o aprendizado é alusiva a conotação de que todos estamos constantemente aprendendo sobre algo ou alguém, mas diz única e exclusivamente a essa tratativa. É preciso combater essa falácia, que tem servido de muleta ao profano de avental, quando este, mesmo sendo mestre, oculta-se da responsabilidade inerente ao grau que possui, quando este busca a desculpa por suas falhas, sejam elas ritualísticas, simbólicas e mesmo de caráter. É preciso entender que o peso da responsabilidade separa claramente na contemporaneidade o aprendiz, o companheiro e o mestre. Atribuindo a cada um, de acordo com sua instrução, seu discernimento e seu aprofundamento na sublime Arte Real que, neste caso o companheiro maçom, é dotado de maior luz e, portanto, maior responsabilidade. De outra forma, perder-se-ia a concepção que advém da estrutura hierárquica dos graus e das respectivas administrações nas mais diversas esferas (oficina, circunscrição, estado e federação).

É notório que apenas se assumem os diferentes níveis de responsabilidade mediante a ciência e a aceitação, levando-se em conta as diferentes limitações, motivo pelo qual podem e devem ser cobradas, pois vêm acompanhadas do livre-arbítrio, o que confere a responsabilidade sua legalidade e notoriedade. Todos são responsáveis por seus atos e devem responder por eles, aceitando o peso de suas consequências, seja pelo cumprimento ou não das obrigações ora assumidas, ou simplesmente pelo desenrolar dos acontecimentos (sentido esse da simbólica taça da boa e da má sorte adotada em ritos como o R. E. A. A.).

Mas porque se trazer a responsabilidade para o debate? Não é obrigação de todo maçom o fazer? Bem, se pararmos para refletir um pouco e lembrarmos do papel do maçom enquanto construtor social, será possível compreendermos verdadeiramente o que é levantar templos à virtude significa, bem como a responsabilidade de cavarmos masmorras aos vícios.

1.2 SER COMO O BODE

É ofício tanto do mestre, como do companheiro, ensinar através do exemplo. Desse modo, figurativamente, encontra-se no seio do companheiro maçom o sentido para a adoção da mascote símbolo do obreiro da arte real, que remete a responsabilidade intrínseca do maçom, o famoso BODE, o qual é alvo de inúmeras especulações, muitas delas incrivelmente recheadas do imaginário popular advindo ainda das falácias de Leo Taxil, o qual apresenta-se em conceito a seguir.

É notória a curiosidade de todo aquele que não pertence a ordem maçônica sobre a questão relativa ao Bode. Mesmo entre os maçons existem aqueles que desconhecem o sentido do bode na maçonaria e o porquê dos maçons se identificarem tanto com este símbolo. Portanto, inicialmente busca-se a raiz do dito BODE, em seu contexto histórico.

Nos primórdios da cristandade, onde era proibitiva a prática religiosa aos escravos (caso esse em que se encontravam os primeiros cristãos), era comum a prática da confissão, já observada nos praticantes do Judaísmo e absorvida pelos apóstolos ao divulgar o cristianismo, como meio de expiação dos pecados cometidos, essa prática, porém, era deveras perigosa, pois confessar um pecado, ou mesmo algo mais grave como um crime a outra pessoa, poderia expor o cidadão a todo tipo de situação em que se encontraria a mercê da própria sorte. Assim, ao invés de realizar a confissão a uma pessoa, a qual não se tinham garantias de que haveriam sigilos, era comum se adotar a prática da confissão para com o bode, ora, este animal ouvia com tamanha atenção as declarações do confessor e não proferia nenhum julgamento, não repreendia ou procurava explorar a informação de alguma forma, sendo perfeito para tal prática. Segundo é exemplificado por Castellani (2008, Web):

Por volta do III ano D.C. vários Apóstolos saíram para o mundo a fim de divulgar o cristianismo. Alguns foram para o lado judaico da Palestina. E lá, curiosamente, notaram que era comum ver um judeu falando ao ouvido de um bode, animal muito comum naquela região. Procurando saber o porquê daquele monologo foi difícil obter resposta. Ninguém dava informação, com isso aumentava ainda mais a curiosidade dos representantes cristãos, em relação aquele fato. Até que Paulo, o Apóstolo, conversando com um Rabino de uma aldeia, foi informado que aquele ritual era usado para expiação dos erros. Fazia parte da cultura daquele povo, contar alguém da sua confiança, quando cometia, mesmo escondido, as suas faltas, ficaria mais aliviado junto a sua consciência, pois estaria dividindo o sentimento ou problema. Mas por que bode? Quis saber Paulo. É porque o bode é seu confidente. Como o bode nado fala, o confesso fica ainda mais seguro de que seus segredos serão mantidos, respondeu-lhe o Rabino. A Igreja, trinta e seis anos mais tarde, introduziu, no seu ritual, o confessionário, juntamente com o voto de silêncio por parte do padre confessor - nesse ponto a história não conta se foi o Apóstolo que levou a idéia aos seus superiores da Igreja, o certo é que ela faz bem à humanidade, aliado ao voto de silêncio, o povo passou a contar as suas faltas.

O maçom torna-se um bode, ao ter o compromisso de não revelar o que em segredo lhe for confessado, não expor ou julgar, não repreender ou incriminar, mas sim, valer o peso da confiança e a responsabilidade que esta acarreta. É devido ao exemplo do Bode que inúmeros maçons, ao suportarem torturas, interrogatórios e as mais diversas atrocidades (a exemplo da inquisição espanhola), não revelaram os segredos da instituição, sendo taxados como Bodes pelos seus terríveis opressores.

O Bode não é traidor dos compromissos assumidos, não renega o ombro ao necessitado de consolo e alento, não julga ao que está com sua alma em chagas, não é perjuro, pois nunca falará, nem sob pena da mais dura tortura, aquilo que não lhe for permitido. Sendo consciente de suas obrigações e responsabilidades o Bode é exemplo do maçom virtuoso e, portanto, seu ícone representativo perante a sociedade que busca incessantemente desbravar segredos e mistérios que não lhe são permitidos, pois não suportam nem mesmo a fraca luz.

Porém, a maçonaria é fruto de inspiração a diversos segmentos, em especial o artístico, que busca, baseado no imaginário popular, atribuir a imagem do Bode, de forma estilizada e digna das mais clássicas capas dos discos do "Iron Maiden[1]" ou do "Black Sabbath[2]", atribuir significações e simbolismos ocultos, místicos e porque não satânicos e sacrílicos que inspirariam a autores como Abraham Bram Stoker[3] em seus mais assustadores romances, a uma humilde e simplória criatura, que tem em sua postura a mais profunda honradez ao não trair a confiança que lhe fora confiada.

1.3 ALGUMAS CONSIDERAÇÕES AO COMPANHEIRO

Deve-se lembrar que ao companheiro maçom é permitido ainda errar, desviar-se do caminho, desde que não destrua sua obra, para que então retorne a trilha do discernimento, da reflexão e do bom senso. Entende-se, portanto, que o homem passa do domínio do instinto ao domínio da inteligência, é preciso deixar a cega obediência às suas paixões e caminhar rumo a uma clara e inteligente determinação. Em outros termos, é ir do Vício a Virtude, da Mentira a Verdade(s).

Este é o caminho da Liberdade facultado ao companheiro maçom do Rito Moderno, o caminho que busca no seio da Maçonaria indicar aos homens livres e de bons costumes, pela prática do exemplo, o simbólico progresso advindo da glorificação do trabalho e do discernimento intelectivo.

Entende-se ainda que o Maçom ao se tornar verdadeiramente sábio não buscará o crescimento e a escala dos graus por meros desejos e devaneios advindos do orgulho e da vaidade, e sim, ao contrário, é verdadeiramente maçom, aquele que concentra todos os seus esforços para entender, compreender, viver e realizar perfeitamente o grau em que se encontra, atingindo o verdadeiro progresso.

A permanência em um determinado grau é a oportunidade e o privilégio que permitem ao maçom, entender e realizar da melhor forma, as possibilidades que por nenhum motivo hão de apresentarem-se inferiores às de qualquer outro grau.

Viva o grau de companheiro em sua plenitude de saberes, construções intelectuais e divagações filosóficas, pois os níveis de responsabilidades são diferentes e o peso das ações do maçom tende com o tempo a tornarem-se cada vez mais condizentes com o status em que se encontra.

---

[1] Segundo site oficial (http://ironmaiden.com) - **Iron Maiden** é uma banda britânica de heavy metal, formada em 1975. Seu nome é homônimo de um instrumento de tortura medieval que aparece no romance francês de Alexandre Dumas - O Homem da Máscara de Ferro. Foram pioneiros do movimento musical que ficou conhecido como NWOBHM (Nova Onda do Heavy Metal Britânico), a banda atingiu êxito substancial no início dos anos 1980, acompanhada de uma crescente base de fãs. Mas foi com o disco The Number of the Beast, de 1982, que o Iron Maiden chegou à fama internacional, produzindo uma sequência de álbuns multi-platina que tornaram-se clássicos do género. O seu trabalho influenciou diversas bandas de rock e metal, das mais antigas às modernas, e são considerados um dos grupos mais importantes e influentes do estilo.
[2] Segundo site oficial (http://www.black-sabbath.com) - **Black Sabbath** é uma banda de heavy metal britânica formada no ano de 1968 em Birmingham que originalmente era uma banda de blues rock, que logo adotou o nome Black Sabbath e começou a incorporar ocultismo e histórias de terror em suas letras, além de usar guitarras com baixa afinação.
[3] **Abraham "Bram" Stoker** foi um romancista, poeta e contista irlandês, mais conhecido atualmente por seu romance gótico Drácula, a principal obra no desenvolvimento do mito literário moderno do vampiro.

2 O CONCEITO DE FILOSOFIA NO RITO FRANCÊS MODERNO

Ao companheiro maçom do Rito Moderno, não há aprendizado sem a construção de um pensamento verdadeiramente filosófico, visto que, agora munido dos elementos simbólicos essenciais ao seu grau (todo simbolismo do grau de aprendiz e de maneira complementar os do grau de companheiro) é preciso ir além da simples transposição de significados e mergulhar nos porquês e consequências de cada símbolo.

Para tanto, define-se como Filosofia no Rito Moderno o amor pela sabedoria, o qual é experimentado única e exclusivamente pelo ser humano que é consciente de sua própria ignorância. Sendo que esta se trata da investigação das dimensões essenciais e ontológicas do mundo real, que ultrapassam a opinião irrefletida no senso comum que é tida como semiverdadeira (do senso comum) se mantém cativa da realidade empírica e das aparências sensíveis.

É o conhecimento que traz à tona o questionamento dos porquês em cada questão que agita a humanidade, bem como a concepção das consequências e suas múltiplas hipóteses, sempre se divagando na construção de um entendimento mais amplo e profundo daquilo que torna o ser humano verdadeiramente humano. Sendo que este conhecimento consiste no estudo dos problemas fundamentais relativos à própria existência enquanto indivíduo, o que leva à construção de novos conhecimentos, novas verdades, novos valores morais e estéticos, que se utilizam da mente e da linguagem como ferramentas propagadoras dessa inconformidade natural do ser humano.

Diversos filósofos ao longo da história humana deixaram eternizados seus nomes, sendo que muitos são fundamentais para a construção contemporânea de sociedade. Podem ser destacados como fundamentais ao homem contemporâneo os filósofos: Aristóteles, Pitágoras, Platão, Sócrates, Descartes, Locke, Sun Tzu, Confucio, Kant, Freud, Nietzsche, Habermas entre muitos outros. Cada um desses filósofos fez suas contribuições teóricas com base em diversas disciplinas como a arte, a música, a lógica, a metafísica, a ética, a política entre outras que compõem os interesses da humanidade de forma a construção dos porquês que movem o mundo. A exemplo do dito popular – não são as respostas que movem o mundo, são as perguntas.

Existe ainda a concepção atual advinda do emprego da palavra "filosofia" adotada para descrever um conjunto de ideias, valores e atitudes, como por exemplo a filosofia de vida de determinado indivíduo, ou sua filosofia política, ou sua filosofia educativa, entre outras concepções mais profanas do termo, o que não interfere no seu significado mais amplo, porém, não pode ser tido como seu sinônimo.

2.1 RAÍZES DA FILOSOFIA OCIDENTAL

A Filosofia Ocidental emerge na Grécia Antiga, por volta do século VI A.C., época em que a Grécia era o centro cultural e político que concentrava influências de várias partes do mundo. Nessa época o pensamento crítico florescia em muitos indivíduos, os quais começaram a procurar respostas mais complexas que a simples mitologia grega a qual discorria através do panteão de divindades elementos explicativos para forças primordiais (como Cronos – a personificação do tempo), desastres naturais (como Zeus – a personificação do trovão nos céus), domínios inalcançáveis (Hades – o senhor do Tártaro ou Abismo) e a regência sobre os sentimentos e personalidades humanas que regem os atos (Athena – a senhora da sabedoria e da estratégia, Ares – a personificação da Guerra, Éris – a constituição da Discórdia e Afrodite – a constituição do Amor). Essa atitude reflexiva na busca do conhecimento significou o nascimento da Filosofia Ocidental que rege nossa sociedade contemporânea.

É interessante rememorar que as forças divinas, sempre estiveram no mundo antigo, relacionadas aos acontecimentos que não podiam ser explicados, sejam eles naturais ou não. Essa forma de explicar o inexplicável se repete por todas as culturas, a exemplo do panteão Romano, que se mistura ao Grego, a Mitologia Nórdica, a Mitologia Egípcia, a qual alimenta as raízes judaico-cristãs, entre outras tantas narrativas adotadas para se entender o universo, a natureza, a sociedade e o próprio ser humano enquanto engrenagem desse complexo meio.

2.2 FILÓSOFOS CONTEMPORÂNEOS BRASILEIROS

Não se pode deixar de destacar que, na contemporaneidade a filosofia tem ressurgido nacionalmente através do trabalho de novos inconformados, por assim dizer, ao se referir a aqueles que não se conformaram com a simples explicação do cotidiano, indo além na senda do desenvolvimento das capacidades intelectivas, conceitos tecnocratas e dos questionamentos simplórios do cotidiano, buscando sempre novos olhares para aquilo que inquieta as sociedades humanas, indiferente de conceitos ou preconceitos ideológicos.

Mesmo que a grande massa da sociedade profana não compreenda verdadeiramente o papel da filosofia (e porque não destacar que a grande maioria dos maçons também está incluída nessa questão), tendo através da explosão das redes sociais e no uso abusivo de frases de efeito e narrativas de autoajuda uma errônea concepção filosófica, ainda é consideravelmente benéfica a redescoberta cívica, cultural, moral, política e filosófica sofrida na tida era do conhecimento, principalmente se for considerar que, mediantes estudos sérios, o brasileiro não utiliza a internet para crescimento, negócios e aprimoramento intelectual, mas sim, para entretenimento, pornografia e plágio de propriedades intelectuais como textos, contextos, áudios, vídeos e softwares, o que torna o Brasil, não um produtor de conhecimento, mas sim um simples consumidor.

Ao companheiro maçom é destinado o entendimento de que a tradição da ordem maçônica é pautada em antigos costumes, mas como evolucionista e progressista que é em sua essência, busca aliar a essa narrativa os pensadores, filósofos e intelectuais contemporâneos e, justamente por esta razão, é notória a necessidade de um aprofundamento na concepção de ser. Nesse sentido destacam-se como exemplos na área, os trabalhos dos filósofos e intelectuais, os quais brevemente e de forma muito respeitosa ao que cada um contribuiu para o amadurecimento do pensamento humano, busco destacar apenas aqueles os quais tiveram sua trajetória em terras tupiniquins, não para desmerecer aos mais renomados e internacionalmente conhecidos, mas para valorizar nosso próprio potencial.

Para tanto, inicialmente destaco a seguir aqueles filósofos que mais fortemente estiveram presentes em minha formação para então estender um olhar a outros notáveis que citarei de forma muito breve mas acima de tudo respeitosa, pois concordando ou não com sua linha de estudo e aprofundamento, é necessário destacar que alguns merecem serem lembrados pelo fato de tornarem a filosofia um produto consumível pelas massas.

Para tanto, os considero merecedores de tal reconhecimento, pois em uma sociedade que não busca como prioridade o desenvolvimento e o amadurecimento pelas vias do estudo meritório, eles cultivaram muitos a senda da inquietude, tornando-se a contragosto de alguns, filósofos pop-star (jargão até que depressivo, mas que traduz perfeitamente seu impacto em nossa sociedade contemporânea).

ÁLVARO BORGES VIEIRA PINTO (1909-11-11 | † 1987-06-11)

"Para a mentalidade ingênua a nação é coisa que "já existe" e precisamente existe enquanto coisa".

Intelectual e filósofo brasileiro que se destacou por sua posição nacionalista através de uma construção político-intelectual em defesa do desenvolvimento autônomo do Brasil enquanto nação durante o século XX. Possuía formação superior plural, sendo filósofo, tradutor, professor e pesquisador. Atuou na educação, medicina, matemática, demografia e na física. Sendo tido pelo filósofo e educador Paulo Freire em sua mais alta estima, sendo que o chamava de "mestre brasileiro" (PINTO, 2005).

Álvaro Vieira Pinto, como é mais conhecido elaborou sua filosofia em torno do conceito de "trabalho" e o aspecto essencial do ser humano, propondo que o próprio ser humano em atividade de trabalho é um modelador do meio à sua volta. Tem-se destaque ao seu excepcional trabalho construindo o Conceito de Tecnologia, base da qual a modernidade serve-se ainda hoje, pois contribui para a compreensão crítica e reflexiva sobre a transformação social e tecnológica a partir do manuseio de artefatos.

PAULO REGLUS NEVES FREIRE (1921-09-19 | † 1997-05-02)

"Quando o homem compreende a sua realidade, pode levantar hipóteses sobre o desafio dessa realidade e procurar soluções. Assim, pode transformá-la e o seu trabalho pode criar um mundo próprio, seu Eu e as suas circunstâncias".

Paulo Freire é tido como um dos pensadores mais notáveis na história da Pedagogia mundial, influenciando o movimento chamado de pedagogia crítica. Sendo admitido como Patrono da Educação Brasileira (FREIRE, 1998).

Seu trabalho ganhou destaque ao tratar da área da educação popular, voltada à escolarização e a formação da consciência política (o que fez infelizmente perder a neutralidade necessária à sua obra, visto que esta se torna instrumento de construção ideológica nas bases educativas nacionais).

Sua obra "Pedagogia do Oprimido", marco referencial de todo trabalho realizado por Freire, o qual propõe um método de alfabetização dialético, trilhando um caminho diferente do "vanguardismo" de intelectuais tradicionais da educação propondo novos olhares e novas construções do saber em prol de um resultado inclusivo na formação educativa das massas.

MARIO SERGIO CORTELLA[4] (1954-03-05)

---

[4] Referência textual produzida com base no currículo disponibilizado pelo próprio intelectual na Plataforma Lattes - http://lattes.cnpq.br/9036228618382563

"É necessário cuidar da ética para não anestesiarmos a nossa consciência e começarmos a achar que tudo é normal".

Mario Sergio Cortella é filósofo, escritor, educador, palestrante e professor universitário brasileiro. Foi orientando de Paulo Freire em seu Doutorado. É autor de diversos livros, podendo-se citar dentre seus mais de 20 títulos publicados: A Escola e o Conhecimento: fundamentos epistemológicos e políticos; Nos Labirintos da Moral, com Yves de La Taille; Não Espere Pelo Epitáfio: Provocações Filosóficas; Não Nascemos Prontos!; Verdades e Mentiras: Ética e Democracia no Brasil, com Gilberto Dimenstein, Leandro Karnal e Luiz Felipe Pondé.

Seu trabalho, juntamente com o de outros filósofos em atuação, como Leandro Karnal e Clóvis de Barros Filho tem por centro a popularização do pensamento crítico reflexivo advindo da academia. Nesse caso os três (Mario, Leandro e Clóvis) são professores universitários atuantes e como tal, formadores de opinião em um mundo imerso em tecnologia, o que divulga, populariza e torna acessível o conhecimento que antes era restrito aos grandes teatros do mundo antigo, aos salões parisienses da idade média, ou aos cafés durante o iluminismo.

LEANDRO KARNAL[5] (1963-02-01)

"Todas as religiões trabalham com a ideia de crise, o cheiro da crise no fundamentalismo, atrai as pessoas para a fé".

Leandro Karnal é filósofo e historiador brasileiro, atualmente é professor da Universidade Estadual de Campinas na área de História da América. É Doutor em História Social pela Universidade de São Paulo. Além de membro de corpo editorial da Revista Brasileira de História e da Revista Poder & Cultura, é autor tendo destaque nos seguintes títulos publicados: História dos Estados Unidos; Estados Unidos: a Formação da Nação; Conversas com um Jovem Professor; História na Sala de Aula; Teatro da Fé - representação religiosa no Brasil e no México do século XVI (1998); Pecar e Perdoar: Deus e Homem na história; Detração, A - Breve Ensaio Sobre o Maldizer.

Além da literatura é ainda protagonista de um programa televisivo chamado café cultural, onde discutiu dentre outros temas: Confrontos Religiosos e Fundamentalismos; O Pecado Envergonhado: A Inveja e a Tristeza sobre a Felicidade Alheia; O Mal Primordial: O Orgulho Nosso de Cada Dia; O Medo à Liberdade e a Alma Humana dos ditadores à autoajuda; entre outros destaques que difundiram-se através da internet gratuitamente a comunidade.

CLÓVIS DE BARROS FILHO[6] (1966-10-21)

---

[5] Referência textual produzida com base no currículo disponibilizado pelo próprio intelectual na Plataforma Lattes - http://lattes.cnpq.br/7752713464627656

"Ética: inteligência compartilhada no serviço do aperfeiçoamento da convivência humana".

Clóvis de Barros Filho é intelectual, professor universitário e autor de mais de 20 livros, envolvendo títulos como: Ética e Vergonha na Cara! (Em parceria com Mário S. Cortella); Felicidade ou Morte (em parceria com Leandro Karnal); A vida que vale a pena ser vivida; Ética e Agir Comunicativo - no prelo; O habitus na Comunicação; entre outras obras de grande valor literário. É Doutor em Direito pela Université de Paris III (Sorbonne-Nouvelle) (1990) e Doutor em Ciências da Comunicação pela Universidade de São Paulo (2002). Além de consultor e conferencista do Espaço Ética.

Seu trabalho versa, dentre outras interdisciplinaridades, na construção dos saberes que dão brio a formação intelectiva de juristas, jornalistas e comunicadores. Sua caminhada é marcada pelo advento de uma linguagem mais direta para com o jovem, beirando o popular, para que de maneira provocativa incite ao aperfeiçoamento mínimo necessário a mudança de status almejada.

2.3 OUTROS GRANDES NOMES NA FILOSOFIA NACIONAL

Não seria justo deixar de citar aqui o trabalho de outros grandes intelectuais que de alguma forma contribuíram para o desenvolvimento da filosofia no contexto contemporâneo brasileiro e, de certa maneira, influenciam diretamente a ordem maçônica pelo trabalho realizado ao longo de suas trajetórias, sejam no pensamento crítico necessário a construção cidadã, ou mesmo através da atuação direta na instituição como um de seus membros.

Correndo o risco de deixar de citar ainda, algum nome de especial importância, reservo-me enquanto autor, ao benefício de deixar para os companheiros maçons do Rito Moderno, o desafio de buscar esses nomes, conhecidos ou não, no desenrolar de suas caminhadas na senda maçônica.

Dessa forma, a breve seleção de filósofos e intelectuais que será apresentada sucintamente a seguir é fruto dos documentos disponibilizados pelo Instituto de Filosofia[7] (2011), que reúne adequadamente, mas ainda informalmente os dados de obras e trabalhos desses representantes do pensamento brasileiro. Foi-se atido apenas ao período em que cada intelectual viveu seu labor principal e alguns breves destaques de suas obras, não se atendo as linhas filosóficas defendidas ou a exploração de seus contextos.

Nesse sentido, destacando-se:

---

[6] Referência textual produzida com base no currículo disponibilizado pelo próprio intelectual na Plataforma Lattes - http://lattes.cnpq.br/0774770071354712

[7] INSTITUTO DE FILOSOFIA. **Grandes filósofos brasileiros**. 2011. Disponível em: <http://www.institutodefilosofia.com.br/> Acesso em 22 Out. 2016.

ANTÔNIO CARVALHO FILHO (21-03-1946 A 17-05-2008)

Mais conhecido como Antônio Carvalho, foi maçom, radialista, jornalista e filósofo brasileiro além de membro da Sociedade Brasileira de Eubiose, seu trabalho transcorreu na busca de formas para que a humanidade pudesse viver em paz com a Natureza.

ANTÔNIO CICERO CORREA LIMA (1945)

Compositor, poeta, escritor e filósofo brasileiro, teve grande destaque bibliográfico através de seus ensaios: "O mundo desde o fim" (1995) e "Finalidades sem fim. Ensaios sobre poesia e arte" (2005).

APOLINÁRIO JOSÉ GOMES PORTO-ALEGRE (29-08-1844 A 23-03-1904)

Considerado um dos mais importantes autores do Rio Grande do Sul, foi escritor, historiógrafo, filósofo, poeta e jornalista brasileiro. Seu trabalho se destaca com a fundação, juntamente com um grupo de republicanos e liberais, no dia 18 de junho do ano de 1868 da Sociedade Pártenon Literário, de caráter romântico e regionalista em Porto Alegre.

ARSÊNIO PALÁCIO

Era poeta, filósofo, escritor e autoproclamado anarquista. Sendo o principal responsável pela publicação das revistas Ácratas, Arte e Vida e Phrometeu (todas versando sobre o Anarquismo nas décadas de 1910 e 1920).

AUTERIVES MACIEL JÚNIOR (19-01-1965)

Professor e filósofo brasileiro que se destacou bibliograficamente nos trabalhos "Os Pré-Socráticos - A invenção da Razão, Odysseus, Rio de Janeiro" (2003); "A Questão da Interpretação no Século XX: Nietzsche, Freud e Heidegger" (2000) e; "Polifonias - clínica, política e criação" (2005).

BENEDITO JOSÉ VIANA DA COSTA NUNES (21-11-1929)

Escritor e filósofo brasileiro que teve grande destaque bibliográfico nas obras: "O drama da linguagem - Uma leitura de Clarice Lispector" (1989); "O tempo na narrativa" (1988); "Introdução à Filosofia da Arte" (1989) e; "O Dorso do Tigre" (1969); dentre outras na relação poesia e filosofia.

BENTO PRADO DE ALMEIDA FERRAZ JÚNIOR (21-08-1937 A 12-01-2007)

Filósofo, escritor, professor, crítico literário, tradutor e poeta, foi professor de Filosofia na USP - Universidade de São Paulo e na UFSC - Universidade Federal de São Carlos, sendo tido por muitos estudiosos como um dos maiores ensaístas da filosofia brasileira. Teve grande destaque com sua obra "Alguns Ensaios: Filosofia, Literatura e Psicanálise" (1985).

CAIO DA SILVA PRADO JÚNIOR (11-02-1907 A 23-11-1990)

Historiador, geógrafo, escritor, político e editor brasileiro, teve significativa importância filosófica, pois suas obras inauguraram uma tradição historiográfica identificada no Brasil com o marxismo, com vistas a trazer uma explicação diferenciada sobre a sociedade colonial brasileira, tendo destaque para sua obra: "Evolução Política do Brasil" (1933).

CARLOS ROBERTO VELHO CIRNE LIMA (1931)

Filósofo dialético contemporâneo brasileiro que ficou conhecido pelo pensamento "a intenção do autor é tentar reconstruir um sistema neoplatônico de Filosofia que evite os erros cometidos por Hegel, o último dos grandes autores sistemáticos". Dentre suas obras destacam-se: "Uma reconstrução crítica do sistema neoplatônico" (2006); "Dialética e auto-organização" (2003); "Nós e o Absoluto" (2001); dentre outras.

CELSO CHARURI (11-06-1940 A 20-12-1981)

Médico e filósofo, ficou sendo conhecido por idealizar e criar a Pró-Vida, Dr. Celso (como era chamado) afirmava que "o meio é produto do homem e que, portanto, seres com a percepção ampliada e com seu potencial mental, psíquico e espiritual desenvolvido, poderiam construir um mundo mais digno".

CÔNEGO TOMÁS ADALBERTO DA SILVA FONTES (23-04-1891 A 16-02-1961)

Sacerdote erudito, jornalista, escritor e político brasileiro, ganhou destaque na cultura, pertencendo a várias instituições culturais em Santa Catarina. Dentre suas obras, pode-se destacar: "A gramática alemã" (1922). Foi diretor da revista A Época (Florianópolis - 1910-1919), fundador e diretor da Revista de Cultura (1927-1945) e das revistas Terra e Céu e O Brasileirinho (1929- 1934).

CLAUDIO ULPIANO (1932 A 1999)

Filósofo especialista no pensamento de Gilles Deleuze. Foi Professor magistrado nas Universidades do Estado do Rio de Janeiro e Federal Fluminense. Atuava fortemente em grupos de estudos, frequentados por estudantes de filosofia, cientistas, músicos, artistas plásticos e todo tipo de público o que enriqueceu muito seu trabalho.

ERNILDO JACOB STEIN (12-07-1934)

Filósofo, professor e escritor brasileiro, teve destaque bibliográfico com suas obras: "Seis estudos sobre Ser e Tempo" (2006); "Sobre a verdade" (2006); "Pensar é pensar a diferença" (2006) entre outras publicações.

ESTEVÃO CHAVES DE REZENDE MARTINS (1947)

Filósofo, historiador e professor universitário cujo trabalho focou nas investigações e textos sobre temas relacionados à história da filosofia, a teoria e a metodologia da história, incluindo a história das relações internacionais. Foi membro do Comitê Científico Internacional organizador da Historia General de América Latina (coleção de nove volumes sobre a história do subcontinente) patrocinada pela UNESCO.

EUDORO DE SOUSA (1911 A 1987)

Natural de Lisboa, foi filósofo e professor universitário luso-brasileiro sendo destacado em seu trabalho a participação como um dos fundadores da Universidade de Brasília (UnB).

EVALDO BEZERRA COUTINHO (23-07-1911 A 12-05-2007)

Advogado e filósofo brasileiro foi fundador dos Cursos de Arquitetura e Urbanismo e Filosofia da UFPE. Destacou-se nas obras sobre filosofia, estética da arte, arquitetura e cinema. Sendo conhecido por sua expressão "Deus é arquiteto, que mostra a importância da concepção da arquitetura".

FRANCISCO CAVALCANTI PONTES DE MIRANDA (23-04-1982 A 22-12-1979)

Jurista, filósofo, matemático e escritor brasileiro. Autor de livros no campo da Matemática, da Sociologia, da Psicologia, da Política, da Poesia, da Filosofia e em especial no campo do Direito, destacou-se por suas obras publicadas em português, alemão, francês, espanhol e italiano. Ressalta-se a importância de seu Tratado de Direito Privado (60 volumes).

FRANTIŠEK LORENZ (24-12-1872 A 24-05-1957)

Poliglota e filósofo tcheco nascido em Zbislav, no Império Austro-Húngaro (hoje República Tcheca) e terminou seus dias no Brasil, foi um dos primeiros esperantistas do mundo. Capaz de comunicar-se em mais de 100 idiomas. Destaca-se em seu trabalho a tradução de livros em sânscrito, hebraico, grego antigo, inglês, francês, italiano, chinês, japonês e árabe. Mesmo nascendo em berço pobre e nunca encontrando facilidades para o estudo, desenvolveu-se através da vida simples sendo que aos 17 anos já conhecia todas as línguas eslavas, o latim, o hebraico e o grego.

GABRIELE GREGGERSEN

Doutora e Mestre em História e Filosofia da Educação e Pós-doutora na área de História das Mentalidades. Desde cedo, interessou-se pela imaginação e pelo lúdico como "pontes significativas" para a compreensão e o aprendizado. Teve destaque no trabalho com assuntos complexos como a ética, a metafísica e a teologia.

GERD ALBERTO BORNHEIM (19-11-1929 A 05-09-2002)

Filósofo, professor e escritor. Em seu trabalho dedicou-se à filosofia moderna e contemporânea, ganhando destaque em seus estudos sobre Jean-Paul Sartre e Martin Heidegger.

GILDA DE MELLO E SOUZA (1919 A 2005)

Doutora em Ciências Sociais, filósofa, crítica literária, ensaísta e professora universitária. Juntamente com seu esposo Antônio Cândido, colaborou na produção da revista Clima. Dirigiu o Departamento de Filosofia da USP entre os anos de 1969 e 1972, sendo Professora Emérita da Faculdade de Filosofia, Letras e Ciências Humanas da USP (1999).

HENRIQUE CLÁUDIO DE LIMA VAZ (24-08-1921 A 23-05-2002)

Padre jesuíta, professor, filósofo e humanista brasileiro que nos anos 60 se tornou mentor da Juventude Universitária Católica (JUC) e da Ação Popular (fase inicial). Lima Vaz foi responsável por uma análise crítica no pensamento marxiano junto a uma atitude intelectual firme e aberta ao debate, questionando a posição tradicional a partir do pensamento dialético.

HUBERTO ROHDEN (1893 A 1981)

Filósofo, educador e teólogo catarinense, o qual foi precursor do espiritualismo universalista, em sua trajetória escreveu mais de 100 obras condensadas em 65 livros. Focou seu trabalho na temática espiritual e na abordagem espiritualista de questões pertinentes à Pedagogia, Ciência e Filosofia, enfatizando o autoconhecimento, autoeducação e a auto realização.

JANUÁRIO LUCAS GAFRÉE (19-09-1878 A 04-12-1917)

Filósofo dedicado à área do Direito foi um dos primeiros pensadores brasileiros a discorrer sobre a aplicação da filosofia kantiana em sua relação no campo do Direito.

JOÃO CRUZ COSTA (1904 A 1978)

Discorreu enquanto filósofo com destaque nas obras: "Ensaios sobre a Vida e a Obra de Francisco Sanches" (1942) e; "Contribuição à História das Ideias no Brasil" (1956).

JOSÉ GUILHERME MERQUIOR (22-04-1941 A 07-01-1991)

Diplomata, filósofo, sociólogo, escritor e professor universitário, tendo destaque como um pensador que se definia politicamente focado no liberalismo no Brasil.

JOSÉ HERCULANO PIRES (25-09-1914 A 09-03-1979)

Jornalista, filósofo, educador e escritor brasileiro que se destacou como um dos mais ativos continuadores do espiritismo no Brasil. Traduziu obras de Allan Kardec e escreveu tanto estudos filosóficos quanto obras literárias inspirados na doutrina espírita.

LEANDRO AUGUSTO MARQUES COELHO KONDER (03-01-1936)

Filósofo dedicado ao Marxismo, possui 21 livros publicados, destacando-se: "A derrota da dialética, Flora Tristan"; "Uma vida de mulher, uma paixão socialista, Walter Benjamin" e; "O marxismo da melancolia, Fourier"; dentre outras.

LEONEL EDGARD DA SILVEIRA FRANCA (06-01-1983 A 03-09-1948)

Sacerdote católico, filósofo e professor, enquanto filósofo e professor, ganhou destaque em sua obra pela produção de: "Noções de história da filosofia (1918); "Apontamentos de química geral"(1919); "A Igreja, a Reforma e a Civilização" (1922) e; "Pensamentos espirituais, publicada postumamente"(1949).

LUIS ALBERTO DE BONI (30-01-1940)

Filósofo e escritor brasileiro, sendo considerado um dos mais importantes pesquisadores brasileiros sobre a imigração italiana no Brasil, autor de inúmeras obras nessa tratativa. Tendo destaque adicional para obras direcionadas a Filosofia Medieval, e da Teologia.

LUIZ FELIPE DE CERQUEIRA E SILVA PONDÉ (1959)

Doutor em Filosofia pela Universidade de Paris e pela FFLCH da USP, Pós-doutor pela Universidade de Tel Aviv. Filósofo, escritor e ensaísta brasileiro, tendo destaque em sua obra para o "Guia Politicamente Incorreto da Filosofia". Tendo outros trabalhos de grande expressão junto de outros filósofos brasileiros.

LUÍS SÉRGIO COELHO SAMPAIO (1933 A 2003)

Filósofo, professor e escritor. Destacado membro da ABF (Academia Brasileira de Filosofia) e fundador do IPGAP (Instituto de Políticas Governamentais e Assessoramento Parlamentar), tendo destaque adicional para sua atuação como fundador e ex-Presidente do Instituto Cultura-Nova.

LUIZ VILELA (1942)

Filósofo e escritor, destacando-se o estudo de terceiros sobre suas obras a exemplo: "O diálogo da compaixão na obra de Luiz Vilela" de Wania Majadas (2000) e; "Faces do conto de Luiz Vilela" de Rauer (2006). Aja vista o pensamento complexo desenvolvido por ele na tratativa filosófica.

MARCIA ANGELITA TIBURI (06-04-1970)

Artista plástica, professora de Filosofia e escritora, atuando principalmente sobre a ética, estética e filosofia do conhecimento. Destacou-se na produção de livros versando sobre a filosofia, entre eles a antologia "As Mulheres e a Filosofia e O Corpo Torturado".

MÁRCIO BILHARINHO NAVES (1952)

Filósofo marxista que se destacou nacionalmente pelas obras: "Marx – ciência e revolução" (2000); "Marxismo e direito – um estudo sobre Pachukanis" (2000) e; "Mao – o processo da revolução" (2005).

MARILENA DE SOUSA CHAUI (04-09-1941)

Historiadora na área de filosofia. Autora de livros, dos quais destacam-se: "Repressão Sexual", "Da Realidade sem Mistérios ao Mistério do Mundo", "Brasil: Mito Fundador e Sociedade Autoritária", "Professoras na Cozinha", "Introdução à História da Filosofia", dentre outras. Obteve o seu doutorado com uma tese sobre o filósofo Baruch de Espinosa.

MÁRIO FERREIRA DOS SANTOS (03-01-1907 A 11-04-1968)

Filósofo, criador de um sistema filosófico a que chamou Filosofia Concreta. Autor de livros nas áreas do conhecimento da Filosofia, da Psicologia, da Oratória, da Ontologia e da Lógica. Destacando-se a "Enciclopédia de Ciências Filosóficas e Sociais".

MÁRIO OSORIO MARQUES (22-01-1925 A 14-12-2002)

Sacerdote franciscano e professor que dos 20 aos 25 anos, realizava os estudos filosóficos e teológicos. Ganhou destaque pela organização de um dicionário de Filosofia "Lexicon Philosophicum" escrito em latim (três volumes manuscritos), o qual permanece inédito, sendo que os originais são encontrados na biblioteca de sua família.

MATIAS AIRES RAMOS DA SILVA DE EÇA (27-03-1705 A 1763)

Filósofo e escritor que escreveu obras em francês e latim, tendo tido destaque como tradutor de textos clássicos latinos, sendo considerado o maior nome da filosofia de língua portuguesa do seu tempo.

MIGUEL LEMOS (1854 A 1917)

Filósofo de orientação positivista. Que teve destaque em obras como: "O apostolado positivista no Brasil (com Teixeira Mendes)" e; "O positivismo e a escravidão moderna Pequenos ensaios positivistas".

MIGUEL REALE (06-11-1910 A 14-04-2006)

Filósofo, jurista, educador, poeta e um dos líderes do integralismo no Brasil, sendo conhecido como formulador da Teoria Tridimensional do Direito, trabalho no qual aborda em linhas simples, um determinado fato é desvalorado ou valorado através de uma norma jurídica.

MILLÔR VIOLA FERNANDES (16-08-1923 A 27-03-2012)

Desenhista, humorista, dramaturgo, escritor, poeta, tradutor e jornalista brasileiro, sendo considerado por muitos um grande exemplo de filósofo orgânico. Tendo destaque em sua bibliografia para a "A Bíblia do Caos" (2005).

NEWTON CARNEIRO AFFONSO DA COSTA (16-09-1929)

Matemático, lógico e filósofo de reputação internacional devido ao seu trabalho em lógica. Possui três graduações pela Universidade Federal do Paraná: 1952 - engenharia civil; 1955 - bacharelado em Matemática e; 1956 - licenciatura em Matemática.

NILDO SILVA VIANA (06-05-1965)

Sociólogo e filósofo cuja obra abrange alguns temas básicos da sociologia, da filosofia, do marxismo, da sociedade contemporânea, da epistemologia, da violência, do neoliberalismo, de valores, das artes, da psicologia, de representações cotidianas, da psicanálise e da autogestão social.

OLAVO LUIZ PIMENTEL DE CARVALHO (29-04-1947)

Filósofo, jornalista e ensaísta. Ganhou destaque em seu primeiro livro "A imagem do homem na astrologia" (1980) e no livro "O imbecil coletivo: atualidades inculturais brasileiras" (1996) no qual critica o meio cultural e intelectual brasileiro.

OLGÁRIA CHAIN FERES MATOS

Professora titular da Universidade Federal de São Paulo (UNIFESP), destacando-se como a criadora e coordenadora do curso de Filosofia. Além de ser pesquisadora e estudiosa da Escola de Frankfurt.

OSWALDO GIACÓIA JÚNIOR

Filósofo, professor e livre docente na Universidade Estadual de Campinas. Destaca-se pelo trabalho perspicaz no estudo de Nietzsche, incluindo o idealismo alemão e de seus desdobramentos contemporâneos.

OSWALDO PORCHAT PEREIRA

Filósofo e fundador do neopirronismo. Destaca-se como autor de "Ciência de dialética em Aristóteles" e "Rumo ao ceticismo", sendo considerado, o único filósofo brasileiro, com a defesa de ideias filosóficas próprias pois não apenas estuda a história da filosofia

PAULO EDUARDO ARANTES (1942)

Filósofo, professor e Doutor em Filosofia pela Universidade de Paris IV (Paris-Sorbonne), destaca-se como um importante pensador marxista. Sendo autor da obra que associa o rigor da filosofia hegeliana e marxista com análises sociológicas e antropológicas da realidade cultural do Brasil.

PAULO GHIRALDELLI JÚNIOR (23-08-1957)

Filósofo que adotou a vida intelectual muito jovem, trabalhando em jornais e em escolas. Possuía uma definição peculiar sobre o que seria a função da filosofia, com foco na desbanalização do banal.

PLÍNIO SALGADO (22-01-1895 A 08-12-1975)

Jornalista, intelectual e filósofo que ajudou a fundar a Ação Integralista Brasileira, chegando a chefiar este movimento nacional. Nesse sentido, o Integralismo de Plínio Salgado se configurou no maior movimento nacionalista da história brasileira.

RAIMUNDO TEIXEIRA MENDES (05-01-1855 A 1927)

Filósofo e matemático, autor da bandeira nacional republicana. Ganhou destaque na vigorosa e contínua atuação política, filosófica, social e religiosa, baseada nos princípios propostos pelo filósofo francês Augusto Comte (Positivismo).

RAIMUNDO DE FARIAS BRITO (24-07-1862 A 16-01-1917)

Escritor e filósofo considerado um dos maiores nomes do pensamento filosófico nacional, sendo autor de uma das mais completas obras filosóficas no Brasil, identificando os planos do conhecimento e do ser, focado dogmaticamente à metafísica tradicional (espiritualista).

RENATO JANINE RIBEIRO (09-12-1949)

Filósofo e professor titular da cadeira de Ética e Filosofia Política da Faculdade de Filosofia, Letras e Ciências Humanas da Universidade de São Paulo (FFLCH-USP). Sendo conhecido por seus trabalhos sobre o pensador inglês Thomas Hobbes (cultura política nas "sociedades ocidentais dissidentes").

ROBERTO ROMANO

Professor de Ética e Filosofia na UNICAMP. Ganhou destaque por suas publicações: "Moral e Ciência - A Monstruosidade do Século XVIII"; "O Caldeirão de Medéia"; "Cidadania – Verso e Reverso" e; "Lux in Tenebris".

ROGÉRIO MIRANDA DE ALMEIDA (09-04-1953)

Teólogo e filósofo destacado por seus artigos em revistas nacionais e internacionais, citando-se: "Nietzsche et le paradoxe (2005); "Nietzsche e Freud: Eterno retorno e compulsão à repetição" (2005); Eros e Tânatos: A vida, a morte, o desejo (2007); dentre outras obras e pesquisas focadas na filosofia antiga (pré-socráticos, Platão e Agostinho).

ROSALVO SALGUEIRO (25-09-1955)

Ativista político, militante na defesa dos Direitos Humanos e dos movimentos populares, além do destaque de seu trabalho enquanto teólogo da Igreja Católica Apostólica Brasileira ligada à Teologia da Libertação.

SÉRGIO PAULO ROUANET (23-02-1934)

Diplomata, filósofo, antropólogo, tradutor, ensaísta e membro da Academia Brasileira de Letras desde 1992. Destacando-se em sua obra por sua extensa produção ensaística, filosófica e iluminista.

SILVIO DONIZETTI DE OLIVEIRA GALLO (17-09-1963)

Pedagogo e filósofo anarquista, sendo destacado autor de uma série de publicações fundamentais sobre pedagogia libertária no Brasil. Observa-se a referência de seu trabalho "Educação do Preconceito - ensaios sobre poder e resistência" (2004).

SÍLVIO TIBIRIÇÁ DE ALMEIDA (1867 — 1924)

Poeta e filósofo brasileiro, com grande destaque em suas obras a citar: "O Antigo Vernáculo"; "Estudos Camonianos"; "A Sistematização Ortográfica"; dentre outros ensaios de igual riqueza interpretativa.

TARCÍSIO MEIRELLES PADILHA (17-04-1928)

Professor, filósofo e o quinto ocupante da cadeira nº 2 da Academia Brasileira de Letras. Exerceu o cargo de Juiz no Tribunal Regional do Trabalho da 1ª Região, sendo aprovado no primeiro concurso para esse cargo no TRT/1, além de ser professor titular em diversas instituições na área de Filosofia.

TOBIAS BARRETO DE MENESES (07-06-1839 A 26-06-1889)

Filósofo, poeta, crítico e jurista, sendo integrante da Escola do Recife no movimento filosófico calcado no monismo e evolucionismo europeu. Foi ainda fundador do condoreirismo brasileiro e patrono da cadeira nº 38 da Academia Brasileira de Letras.

VALFRIDO PILOTTO (23-04-1903 A 13-03-2006)

Advogado, jornalista, escritor, ensaísta, poeta, historiador e filósofo, sendo o primeiro ocupante da cadeira número 1 da Academia Paranaense de Letras.

VILÉM FLUSSER (1920 - 1991)

Filósofo tcheco, naturalizado brasileiro, reconhecidamente autodidata, sendo que atuou por 20 anos como professor de filosofia, jornalista, conferencista e escritor.

ZELJKO LOPARIC (03-12-1939)

Filósofo, historiador e professor universitário croata, naturalizado brasileiro. Destacou-se como professor titular de Filosofia da Ciência e História da Filosofia Moderna do Instituto de Filosofia e Ciências Humanas da Universidade Estadual de Campinas (IFCH-UNICAMP).

2.4 ALGUMAS PONDERAÇÕES

Rememora-se que não se objetivou neste capítulo eleger qual é o filósofo ou intelectual mais coerente, ou que possuísse a vertente filosófica mais alinhada com os princípios maçônicos, visto que foram elencados atores de destaque nacional, ou seja, personagens que na sua trajetória brasileira, versam nas mais diversas áreas do conhecimento (literatura, política, sociologia, direito, tecnologia entre outras), os quais têm relevante contribuição para a construção do pensamento crítico reflexivo.

Principalmente se for observada a máxima da famosa frase nunca dita por Voltaire:

"Posso não concordar com o que você diz, mas defenderei até a morte o seu direito de dizê-lo".

Nunca dita, pois não há registros históricos confiáveis relacionando o autor a ela, sendo que a referida frase sofre alterações singelas em sua escrita a cada repetição.

Assim, ressalta-se que o fato de determinado filósofo, ter em suas concepções, visões como direita e esquerda política não tiram a notória capacidade e importante colaboração desse ator do pensamento nacional e que sim, torna-se ao longo de sua carreira, uma referência internacional.

Portanto, torna-se obrigação ao companheiro maçom, em especial no Rito Moderno, que busca a liberdade absoluta de consciência, a estrita observância ao pensamento filosófico.

É através dessa construção de saberes que o companheiro estará preparado para trilhar os caminhos árduos de um futuro mestrado, compreendendo a construção do pensamento e aprofundando-se no saber nacional, tão rico e tão esquecido, visto que ao se referir a filosofia, é comum olhar para o passado distante e assim, entender que as divagações do ser são tarefas já superadas na contemporaneidade.

É notória a necessidade de se redescobrir a filosofia que move o pensar, instiga e motiva a refletir sobre mais do que apenas a vã repetição daquilo que nos é corriqueiro.

Fica o desafio, seja você também mais um nesta lista, pois é obrigação do maçom estudar a filosofia, mas poucos a trilham.

3 A BUSCA PELAS VIRTUDES DO COMPANHEIRO

Partindo-se dessa construção contemporânea acerca da filosofia, é possível se trilhar o caminho em direção a tão almejada virtude que permeia toda a instituição e com foco especial neste grau. Portanto, observando-se que a Virtude é o cerne do grau de companheiro maçom, em especial aos praticantes do Rito Moderno. Deve-se conceber primeiramente o que se entende por virtude, visto que a mesma é tida como qualidade do que está em conformidade com o considerado correto e desejável, bem como se entra em conformidade com a prática do Bem, com a excelência boa moral e postura de conduta exemplar que confere a dignidade almejada por todo aquele que trilha os caminhos do companheiro.

Tanto que, segundo o GOB (2007) compete ao maçom enaltecer o mérito da inteligência e da virtude. Visto que é obrigação de todo maçom a prática incessante da virtude, a qual permite o crescimento moral, intelectual, filosófico e espiritual do ser humano.

Para tanto, cabe aqui o esclarecimento sobre quais são as virtudes cardeais de um companheiro maçom, indo muito além do simples oposto dos vícios, buscando para isso o olhar de Comte-Sponville (1999) através de seu trabalho em o Pequeno Tratado das Grandes Virtudes:

A POLIDEZ

Ser polido é sem dúvida a primeira virtude a ser desenvolvida, infelizmente, também é a mais rasa e fácil de ser utilizada indevidamente. Ser polido significa ser educado, cortês, ponderado na forma de agir e de se expressar, é a faculdade de não afrontar ao próximo e de se comunicar com versatilidade e clareza. Rememorando o trabalho do companheiro na pedra cúbica, polindo-a para dar beleza e utilidade, não apenas a utilidade bruta, mas aquela que chama a reflexão e a contemplação.

> Se a polidez é um valor, o que não se pode negar, é um valor ambíguo, em si insuficiente – pode encobrir tanto o melhor, como o pior – e, como tal, quase suspeito. Esse trabalho sobre a forma deve ocultar alguma coisa, mas o quê? É um artifício, e desconfiamos dos artifícios. É um enfeite, e desconfiamos dos enfeites. (COMTE-SPONVILLE, 1999, pg. 8)

Trata-se sim de uma virtude que requer mais que um simples olhar, é aquela virtude que somente se sustentará a partir das práxis, onde o discurso sem a sustentação da ação tornar-se-ia uma vã hipocrisia.

> Um canalha polido não é menos ignóbil que outro, talvez seja até mais. Por causa da hipocrisia? É duvidoso, porque a polidez não tem pretensões morais. O canalha polido poderia facilmente ser cínico, aliás, sem por isso faltar nem com a polidez nem com a maldade. (COMTE-SPONVILLE, 1999, pg. 8)

O companheiro maçom deve saber observar além do óbvio e ser posicionar corretamente frente a essa virtude, pois é muito comum encontrarmos pessoas se utilizando da polidez para obter vantagens dentro e fora da ordem maçônica.

Portanto conclama-se ao companheiro a obrigação de se combater, quer seja no interior ou exterior da instituição, aqueles que se ocultam pelo véu da polidez para praticar aquilo que macula os princípios da sublime arte real. Tornando-se assim pedra polida, que além da utilidade confere a beleza devida a obra.

A FIDELIDADE

Fidelidade um termo de origem no latim *fidelis*, que significa diretamente a atitude de quem é fiel, daquele que tem compromisso, que não abandona ou trai aquilo que assume. Sendo essa uma característica daqueles que são leais, confiáveis, honestos e verdadeiros, em sua, a fidelidade é a marca régia do companheiro maçom. Trata-se de agir com constância, sem variações condicionadas pela circunstância. É ser fiel na observância rigorosa e inviolável da verdade.

> A fidelidade não é um valor entre outros, uma virtude entre outras: ela é aquilo por que, para que há valores e virtudes. Que seria a justiça sem a fidelidade dos justos? A paz, sem a fidelidade dos pacíficos? A liberdade, sem a fidelidade dos espíritos livres? E que valeria a própria verdade sem a fidelidade dos verídicos? Ela não seria menos verdadeira, decerto, mas seria uma verdade sem valor, da qual nenhuma virtude poderia nascer. Não há sanidade sem esquecimento, talvez; mas não há virtude sem fidelidade. (COMTE-SPONVILLE, 1999, pg. 17)

A fidelidade é a lealdade para com uma pessoa, entidade ou princípio, fazendo referência à exatidão ou pontualidade na execução de uma ação ou mesmo na preservação de uma conotação. É sem dúvida a virtude de cumprir e honrar a uma promessa, um juramento, um compromisso. É saber que em si repousa a confiança na palavra, a palavra de honra, a palavra de maçom.

A PRUDÊNCIA

Trata-se de uma das quatro virtudes cardeais sob as quais, na idade média se configurava a concepção de virtude. A esta se une a temperança, a fortaleza e a justiça. Tratam-se como Virtudes cardeais por serem centrais, fundamentais e orientadoras de uma concepção moral a qual alicerça-se nos quatro elementos naturais (terra, fogo, vento, água), nos quatro pontos cardeais (norte, sul, leste oeste) e em outras questões simbólicas as quais orienta-se a consulta ao trabalho de Carl Gustav Jung (o homem e seus símbolos) visto que o quaternário era para ele a representação da perfeição.

> A polidez é a origem das virtudes; a fidelidade, seu princípio; a prudência, sua condição. Será ela mesma uma virtude? A tradição responde que sim, e é o que cumpre explicar em primeiro lugar. A prudência é uma das quatro virtudes cardeais da Antiguidade e da Idade Média. É a mais esquecida, talvez. Para os modernos pertence menos à moral do que à psicologia, menos ao dever do que ao cálculo. Kant já não via nela uma virtude: é apenas amor a si esclarecido ou hábil, explicava, não condenável, decerto, mas sem valor moral e sem outras prescrições que não sejam hipotéticas. (COMTE-SPONVILLE, 1999, pg. 25)

Entende-se como prudência o agir com retidão, o bom senso, o equilíbrio e o cuidado. Prudência pode ser entendido popularmente como um sinônimo da sabedoria, da previdência e da precaução. Ao companheiro maçom, entende-se como aquele que abandona as preocupações e abraça as soluções, deixando as ilusões para optar por decisões, rejeitando a omissão frente às ocupações do ser. A prudência coloca a atenção na preparação para coleta de fatos e eventos, evitando-se ao máximo a precipitação e o amadorismo da improvisação, para o maçom do Rito Moderno, é fundamental entender que a ciência sem prudência é um perigo nos mais diferentes níveis.

A TEMPERANÇA

A temperança é uma das mais difíceis virtudes a serem construídas no maçom, trata-se do autocontrole, do domínio sobre si, da renúncia e da moderação sobre as paixões. Trata-se de vencer verdadeiramente as paixões e submeter às vontades para que então, desprovido dos instintos que buscam apenas a saciedade, possa-se construir o modelo de ser que se espera de todo aquele que trilha o grau de companheiro.

> Portanto, é próprio de um homem sábio usar as coisas e ter nisso o maior prazer possível (sem chegar ao fastio, o que não é mais ter prazer)." A temperança se situa quase toda nesse parêntese. É o contrário do fastio, ou o que leva a ele; não se trata de desfrutar menos, mas de desfrutar melhor. A temperança, que é a moderação nos desejos sensuais, é também a garantia de um desfrutar mais puro ou mais pleno. É um gosto esclarecido, dominado, cultivado. (COMTE-SPONVILLE, 1999, pg. 31)

A temperança permite que o maçom não seja escravo de si, que sobrepuje os vícios que norteiam a sociedade humana para o abismo existencial e cuja recompensa, nada mais é do que uma rasa felicidade. Muitas vezes advinda de momentos eufóricos naturais ou não (aqueles advindos de fármacos e psicotrópicos).

É preciso lembrar-se do aço o qual é temperado na paciência e no calor da adversidade, mas sem o desiludir de uma recompensa rápida e fácil, sendo necessária a disciplina advinda da prática ritualística da forja na qual se constrói a liga após inúmeras horas de incansável e constante trabalho (a disciplina do aço). Atalhos apenas destruiriam a têmpera, tornando o metal quebradiço e frágil. Portanto observa-se que sem renúncia e sem disciplina não há maturidade, não há desenvolvimento e não há espaço para aquilo que realmente felicita ao maçom. Visto que a felicidade não deve ser buscada em momentos episódicos de euforia, a qual alimenta e retroalimenta os egos, as paixões e as vaidades. A felicidade é construída a partir da busca pelo essencial.

A FORTALEZA

A virtude da fortaleza é permeada pela força de vontade, por ser e sentir-se verdadeiramente forte, forte no bem, forte na verdade, forte na fé e forte no amor. É perseverar frente às adversidades, por mais árduas que possam ser as dificuldades que se apresentam. A virtude da fortaleza não permite a mediocridade, a rotina e a omissão, pois sempre está pronta a ser porto seguro ao próximo.

É a virtude que está alicerçada na garra que permite a existência de profetas, heróis e mártires, pois combate terminantemente a apatia e a acomodação. Tornando o maçom ousado como os apóstolos, ou forte como os mártires dando força aos fracos e oprimidos, sendo estandarte aos cativos e referência aos perdidos.

É pela fortaleza que o maçom encontra forças para ajudar aqueles a sua volta, principalmente quando este está em estado de enfermidade, não se abatendo e permitindo que com sua vida, eduque e inspire as próximas gerações.

É ser exemplo de vida e ter a inabalável presença de espírito que inspira aos desfalecidos e iludidos a sua volta. Na fortaleza que o maçom compreende que a vida é uma luta renhida e como já dizia o profeta Jó "Coragem, Eu venci o mundo!" (A BÍBLIA SAGRADA. Jó 16,33). Afinal grandes são os conflitos humanos, porém maior é a força para superá-los.

A CORAGEM

A coragem é a mais notável das virtudes, ter coragem é ter a força para enfrentar aquilo que lhe causa medo, não apenas enfrentar as adversidades tangíveis e visíveis, mas também enfrentar de frente e com a cabeça erguida as adversidades imperceptíveis, aquelas que rondam o coração e a alma do maçom, presentes naquilo que alimenta os vícios.

É comum ao que perde sua coragem, buscar em outros elementos, normalmente fármacos e psicotrópicos alucinógenos, ou mesmo adventos alcoólicos, a força para encarar os medos e anseios da alma, que se apresentam no dia a dia das mais diversas formas. Sendo que ao companheiro, nos momentos de dificuldade, caso tenha medo, ou receio, finja que tem coragem e vá com medo mesmo, supere-se.

> Em toda parte a covardia é desprezada; em toda parte a bravura é estimada. As formas podem variar, claro, assim como os conteúdos: cada civilização tem seus medos, cada civilização suas coragens. Mas o que não varia, ou quase não varia, é que a coragem, como capacidade de superar o medo, vale mais que a covardia ou a poltronice, que ao medo se entregam. A coragem é a virtude dos heróis; e quem não admira os heróis? (COMTE-SPONVILLE, 1999, pg. 35)

A coragem é o advento do bravo, daquele que naturalmente torna-se líder e enfrenta não apenas aos outros, mas a si próprio (o maior e mais derradeiro de todos os desafios). É ter coragem para ser a moral forte perante o perigo e os riscos, é ter a bravura e a intrepidez necessárias, com a firmeza de espírito providencial a enfrentar a situação emocional ou moralmente difícil que se apresentar diante de si.

Observa-se, porém, que toda coragem instintiva, seja física ou psicológica, ainda não é uma virtude, ou enquanto virtude ainda não é moral, a menos que seja verdadeiramente o enfrentamento dos medos e anseios conscientemente declarados pelo maçom, pois o intrépido natural, ou impetuoso, que segue aos seus instintos, não possui coragem e sim, anseio pelo desafiador.

Observa-se que os antigos povos sabiamente sempre consideravam a coragem como uma marca da virilidade, e muitos, ainda hoje, concordariam com eles, pois os ritos de passagem apenas permitiam aos que enfrentassem seus medos serem admitidos dentre os homens.

A JUSTIÇA

Epicuro (341–271 a. C.), filósofo grego e o fundador do Epicurismo, filosofia baseada na identificação do bem como prazer e na teoria atomista, na qual o átomo era o elemento formador de todas as coisas, já discorria que: "A justiça é a vingança do homem em sociedade, como a vingança é a justiça do homem em estado selvagem." Com base nessa frase toma-se o conceito de Justiça:

> ... tem a sua origem no termo latino *iustitia* e refere-se a uma das quatro virtudes cardinais (ou cardeais), aquela que é uma constante e firme vontade de dar aos outros o que lhes é devido. A justiça é aquilo que deve fazer de acordo com o direito, a razão e a equidade (CONCEITO.DE (2015, Web).

De forma complementar:

> Por outro lado, a justiça refere-se ao Poder Judicial e à pena ou ao castigo público. Desta forma, quando a sociedade "pede justiça" perante um crime, o que faz é pedir ao Estado que garanta que o crime seja julgado e castigado com a pena merecida, de acordo com a lei vigente (CONCEITO.DE (2015, Web).

Assim, compreende-se que das quatro virtudes cardeais, a justiça é sem sombra de dúvida a única que é verdadeira e absolutamente boa. A Justiça motiva em essência as demais virtudes cardeais (temperança, fortaleza e a prudência). Sendo que se não estivessem a serviço da justiça, seriam considerados simples talentos ou qualidades do espírito, segundo Kant bem explora:

> De tudo o que é possível conceber no mundo, e mesmo em geral fora do mundo, não há nada que possa ser considerado bom sem restrições, a não ser, apenas, uma vontade boa. A inteligência, a fineza, a faculdade de julgar e os demais talentos do espírito, qualquer que seja o nome pelo qual os designemos, ou então a coragem, a decisão, a perseverança nos desígnios, como qualidades do temperamento, são, sem dúvida nenhuma, sob muitos aspectos, coisas boas e desejáveis; mas esses dons da natureza também podem se tornar extremamente ruins e funestos, se a vontade que deve utilizá-los, cujas disposições próprias chamam-se por isso caráter, não é boa. (KANT APUD COMTE-SPONVILLE, 1999, pg. 47)

Mesmo que a citação evoque apenas a coragem, poderia facilmente se transcrever para as demais virtudes. Em suma, a justiça por si é boa. Deve-se entender que a justiça não é uma virtude como as outras. Ela é foco de todas, ou seja, seu horizonte e sua lei, ou motivo de existência. Trata-se de uma "Virtude completa" como já dizia Aristóteles.

Porém, é preciso compreender que justiça é diferente de vingança, mesmo que às vezes possam se misturar os conceitos e sentimentos, fazer justiça não é fazer a sua justiça, frente a uma adversidade, ou a uma necessidade de equilíbrio na balança da vida, onde diz-se que se fez justiça pelas próprias mãos.

A justiça é isenta de lados, isenta de desejos e ímpetos, mantendo-se pura em favor da busca da verdade e da construção da sociedade. Pois a Justiça regula a convivência humana, possibilitando que o bem comum, a defesa da dignidade e o respeito aos direitos humanos existam verdadeiramente. Visto que é da justiça que brota a paz. Portanto, é preciso entender que sem a justiça nem o amor é possível de se existir, pois trata-se da virtude que permite a vida comunitária e social, de onde o amor floresce, regendo o respeito à igualdade pela dignidade.

A ÉTICA

Neste contexto, o de virtude, busca-se na ética o preceito mais defendido por Aristóteles, apresentado no texto dedicado ao seu próprio filho (Nicômaco) intitulado de "A Ética Nicomaqueia", onde se discute a delimitação da ética pelo que é o bem e seu significado para o Ser Humano:

> Admite-se geralmente que toda arte e toda investigação, assim como toda ação e toda escolha, têm em mira um bem qualquer; e por isso foi dito, com muito acerto, que o bem é aquilo a que todas as coisas tendem. Mas observa-se entre os fins uma certa diferença: alguns são atividades, outros são produtos distintos das atividades que os produzem. Onde existem fins distintos das ações, são eles por natureza mais excelentes do que estas. (ARISTÓTELES, 1991, pg. 5)

Aristóteles defendia que somente quem conhece o bem é capaz de buscar e encontrar a verdadeira felicidade, sendo essa uma obra para a vida inteira do indivíduo. Para este contexto, Aristóteles traz que a ética não nasce com o indivíduo, pois está pautada na prática do bem e, sendo que o indivíduo ao nascer não está no julgo do bem, nem do mal, apenas saudavelmente neutro, visto que ambos (bem e mal) são construídos e ensinados na transcrição da vida humana em sociedade.

Em uma posição mais simplista, se age com ética, no momento em que se julga cada situação da seguinte forma, se não puder contar aos outros como fez, não faça. Se aquilo que for fazer, trouxer vergonha ao se divulgar ao próximo, não faça. São posicionamentos simples que permitem ao indivíduo uma profunda reflexão sobre aquilo que se está realizando, se é certo ou errado, bom ou mal, e por aí afora.

Pode-se traçar um paralelo com outra instituição internacional o Rotary Clube. Em Rotary, a ética se traduz de maneira mais direta através da Prova Quádrupla, a qual deveria guiar as ações de um rotariano em meio profissional, a saber:

> É a verdade? É justo para todos os interessados? Criará boa vontade e melhores amizades? Será benéfico para todos os interessados? (ROTARY, 2016, Web)

Se a resposta a pelo menos um questionamento for não, é aconselhado que não se realize a ação, não profira as palavras ou não registre os acontecimentos. Essa tratativa dar-se-ia sobretudo ao que o Rotariano diz, escreve ou faz. Neste caso em específico, observa-se que este não se trata de um grupo filosófico como a Ordem Maçônica, mas sim um clube de serviço internacional e construído sob o pilar da ética.

A GENEROSIDADE

A generosidade é o compromisso do maçom frente aos necessitados, é a obrigação maior daquele que tudo recebe, não pela grata beneficência do G. A. D. U., mas sim, pelo mérito do esforço e do trabalho, tão glorificado na sublime ordem. Entendendo-se que, não se trata de desprezar aquilo que vem da benção e da conspiração universal, mas sim, de valorar aquilo que nasce da água benta advinda do suor e do trabalho, que brota da testa dos homens dignos e que compartilham para com os que necessitam seus louros e suas conquistas, sem jamais desprezar os que recebem seu suporte.

> É um estado de fato antes de ser um dever; depois é um estado de alma (que sentimos ou não), antes de ser uma virtude ou um valor. O estado de fato é bem indicado pela etimologia: ser solidário é pertencer a um conjunto in solido, como se dizia em latim, isto é, "para o todo". (COMTE-SPONVILLE, 1999, pg. 68)

A generosidade, somente tem seu verdadeiro resplandecer, acompanhada da humildade e da doação, pois não seria generosidade, aquela advinda da imposição, da obrigação e do dever social, ou ainda, aquela advinda do orgulho e da vaidade, essa seria qualquer coisa, menos uma virtude, pois:

> A generosidade é a virtude do dom, dizia eu. Dom de dinheiro (pelo qual tem a ver com a liberalidade), dom de si (pelo qual tem a ver com a magnanimidade, ou mesmo com o sacrifício). Mas só podemos dar o que possuímos e somente com a condição de não sermos possuídos. Nisso a generosidade é indissociável de uma forma de liberdade ou de domínio de si que será, em Descartes, o essencial de seu conteúdo. De que se trata? De uma paixão e, ao mesmo tempo, de uma virtude. (COMTE-SPONVILLE, 1999, pg. 73)

Entende-se, portanto, que a virtude vem acompanhada da responsabilidade da abnegação, da doação e do desprendimento, sentimentos esses que permeiam a caridade, aquela advinda da bondade verdadeira que nasce do combate aos vícios, tendo em si o significado de cavarem-se masmorras.

Somente é generoso aquele que se doa, que compartilha e divide os frutos do seu trabalho, do seu suor, para com aqueles que não tiveram o mesmo resultado. Sendo desprovido da vaidade que corrói o coração e tira as virtudes do caráter.

A COMPAIXÃO

Ter compaixão é um sentimento digno daqueles que tem força, e demonstrá-la é ter superioridade de espírito e de princípios, é demonstrar-se vencedor diante das adversidades e frente aos desafios que surgem, é sair-se verdadeiramente vencedor frente aos inimigos e adversários, sendo assim é comum confundi-la com o orgulho, tão nocivo às virtudes. Aquele orgulho nascido do desprezo e da arrogância.

> A compaixão tem má reputação; ninguém gosta de ser objeto dela, nem tampouco de senti-la. Isso a distingue nitidamente, por exemplo, da generosidade. Compadecer é sofrer com, e todo sofrimento é ruim. Como a compaixão poderia ser boa? (COMTE-SPONVILLE, 1999, pg. 81)

Observa-se que ter compaixão é, antes de tudo, ter simpatia pelo próximo, padecer-se pelo seu sofrimento e compartilhar, mesmo que minimamente, suas emoções. Entendendo-se que simpatia, enquanto qualidade:

> Que qualidade é mais sedutora? Que sentimento é mais agradável? Essa mistura, que constitui seu encanto, já é singular: a simpatia é, ao mesmo tempo, uma qualidade (quando a suscitarmos, quando somos simpáticos) e um sentimento (quando a sentimos, quando temos simpatia). E, como essa qualidade e esse sentimento se correspondem, quase por definição, a simpatia promove entre dois indivíduos, e muitas vezes em ambos os sentidos, como que um encontro feliz. (COMTE-SPONVILLE, 1999, pg. 81)

Ter compaixão é, sem dúvida, demonstrar a força dos que são vencedores, não apenas sobre os outros, mas sobre si próprios. Mas é preciso ter cuidado, para que a compaixão não se transforme em afronta, ou desrespeito a aqueles que foram derrotados, a empatia deve ser maior que a vontade de demonstrar superioridade, visto que o desafio maior é superar as próprias vaidades e então, abraçar a humanidade que cerca o maçom.

A MISERICÓRDIA

A misericórdia não é uma virtude fácil, ou mesmo agradável. Trata-se de assumir, muitas vezes, o peso da responsabilidade, o peso da vida, o peso da dignidade de outro ser. Ter misericórdia é ter compaixão em seu estado mais puro, porém acompanhado da coragem necessária para torná-la realidade. Para o Maçom é ainda, em seu sentido mais amplo da palavra, entendido como a virtude do perdão e da verdade. Para tanto, deve-se primeiro diferenciar a misericórdia da compaixão:

> Esta refere-se a um sofrimento, como vimos, e a maioria destes são inocentes. A misericórdia refere-se às faltas, e muitas destas são indolores. Portanto, a misericórdia e a compaixão são duas virtudes diferentes, que, quanto a seus objetos, não se sobrepõem. É verdade, porém, que perdoaremos mais facilmente quem sofre, mesmo que seu sofrimento não tenha relação com sua falta (e, especialmente, não seja arrependimento). A misericórdia é o contrário do rancor, e o rancor é um ódio. Ora, como vimos a propósito da compaixão, é quase impossível odiar quem vemos sofrer atrozmente: a piedade desvia-se do ódio, dizia eu, e é nisso que a compaixão, sem se confundir com ela, pode de fato levar à misericórdia. O inverso também pode ser verdadeiro, às vezes (condoemo-nos mais facilmente quando paramos de odiar); mas a compaixão, que é mais afetiva, mais natural, mais espontânea, é o primeiro movimento, quase sempre. A misericórdia é mais difícil e mais rara. (COMTE-SPONVILLE, 1999, pg. 93)

A misericórdia é a base para o perdão, o perdão somente é possível verdadeiramente com o amor, o amor é um ato divido em cada ser vivente que precisa de tantos outros para existir e ainda assim, existe por si só.

Mas para a misericórdia realmente existir é preciso que se construa o respeito advindo daqueles que realmente se entregam ao desafio, característica essa que é natural ao verdadeiro guerreiro, aquele de valor incalculável, que tem a honra acima de tudo. Sem respeito, a misericórdia não passaria de um ato de vaidade, apenas vaidade.

O PERDÃO

Deve-se entender que a capacidade de perdoar é sim uma virtude digna daqueles que possuem a força necessária a passar pelos sentimentos mais profundos e inerentes ao ser humano sem se render aos mesmos, sentimentos esses como a vingança, o prazer, o instinto de preservação, o orgulho e sim, a justiça. Não enquanto virtude, mas enquanto sentimento que permeia a sociedade e as relações quando algo, ou alguém lhe tira o que é precioso.

Portanto, compreender de fato o que é perdoar, torna-se fundamental ao maçom, é ir ao encontro ao simbolismo da trolha, ao se dar acabamento a obra, mas:

> O que é, de fato, perdoar? Se entendermos, como certa tradição nos convida a fazer, que é apagar a falta, considerá-la nula e não acontecida, é um poder que não temos, ou uma tolice que é melhor evitar. O passado é irrevogável e toda verdade é eterna: mesmo Deus, notava Descartes, não pode fazer com que o que foi feito não o tenha sido. (COMTE-SPONVILLE, 1999, pg. 92)

Deve-se entender que o perdão não é esquecimento, mas sim consciência e superação, pois não é possível esquecer a falta, até porque isso seria o mesmo que faltar a fidelidade para com as vítimas. Poderia ainda ser tido como tolice, quando se estivesse em falta com a prudência. Seria para o maçom, zombar das palavras se assim o pretender ostentar uma virtude cega ou tola. Pois:

> [...] perdoar não é apagar, que perdoar não é esquecer. Então, é o quê? É cessar de odiar, e é essa de fato a definição da misericórdia: ela é a virtude que triunfa sobre o ressentimento, sobre o ódio justificado (pelo que ela vai além da justiça), o rancor, o desejo de vingança ou de punição. A virtude que perdoa, pois não suprimindo a falta ou a ofensa, o que não é possível, mas cessando de, como se diz, ter raiva de quem nos ofendeu ou prejudicou. Não é a clemência, que só renuncia a punir (podemos odiar sem punir, assim como punir sem odiar), nem a compaixão, que só simpatiza no sofrimento (podemos ser culpados sem sofrer, assim como sofrer sem sermos culpados), nem enfim a absolvição, entendida como o poder – que só poderia ser sobrenatural – de anular os pecados ou as faltas. Virtude singular e limitada, pois, todavia bastante difícil e bastante louvável para ser uma virtude. (COMTE-SPONVILLE, 1999, pg. 92)

O perdão é a virtude dos verdadeiramente fortes, dos dotados da centelha dívida que inspira a revelação e a sublimação do espírito. É vencer a si e ao próximo, porém sem faltar com o devido respeito à memória e sem negar o aprendizado. Para tanto é preciso amor, sem o qual não se encontra a força necessária para se continuar caminhando na trilha da virtude, sem olhar para traz, sem lamentar o que aconteceu e sem deixar de aprender com os ocorridos em memória e glória aos caídos.

Deve-se compreender que perdoar é cessar de odiar, tratando-se de renunciar à vingança, sendo para isso necessário o amor. A quem ama nem precisa perdoar, pois já se considera que o fez e sempre o fará, o amor só existe com essa condição.

A GRATIDÃO

A gratidão é a virtude e a qualidade de quem é grato. Ou seja, trata-se do reconhecimento do maçom, enquanto pessoa, por alguém que lhe prestou um benefício, um auxílio, um favor, ou lhe demonstrou alguma das virtudes ora listadas. Trata-se do princípio do agradecimento.

> A gratidão é dom, a gratidão é partilha, a gratidão é amor: é uma alegria que acompanha a idéia de sua causa, como diria Spinoza, quando essa causa é a generosidade do outro, ou sua coragem, ou seu amor. Alegria retribuída: amor retribuído. No sentido próprio ela só pode, portanto, referir-se a seres vivos. (COMTE-SPONVILLE, 1999, pg. 104)

Ser grato é ser humilde a ponto de reconhecer as próprias fraquezas e transformá-las em força ao devolver os sentimentos recebidos por outrem. Ou seja, trata-se de dar o devido respeito, o merecido carinho e a justa recompensa a aqueles que, despretensiosamente doam-se aos outros (pessoas, instituições, causas e ideais).

Porém não se deve confundir a gratidão com reciprocidade, ou com cumplicidade. Pois a gratidão é desinteressada e altruísta, sendo quase que considerada uma obrigação ao maçom virtuoso, ser grato a vida, a pátria e aos que devotadamente sacrificaram-se, de alguma forma pelo seu eu atual e futuro.

> O reconhecimento talvez seja um dever, em todo caso uma virtude, mas, observa Rousseau, não poderia ser um direito exigi-lo ou exigir o que quer que seja em seu nome. Não confundamos gratidão com retribuição de cortesias. (COMTE-SPONVILLE, 1999, pg. 105)

Afinal a gratidão é exemplo de força igual a coragem, a misericórdia e a compaixão, sendo característica daqueles que estão no caminho da superioridade espiritual e mental, quando vencem a si próprios ao reconhecer no outro o seu devido valor. Não a partir de falsos elogios, falsas condecorações que apenas transformam a gratidão em um dourar de pílulas, mas sim, aquela advinda do coração que está pautado no amor e na honra.

A HUMILDADE

Trata-se da virtude envolta da prática da descrição, não apenas externa, para com os outros, mas também interna, para consigo. Sendo uma lucidez sem falha e de uma exigência sem fraquezas, a qual somente é possível pela força de vontade ao se combater o orgulho desmedido.

Ter humildade não significa depreciar a si, ou mesmo depreciar sem falsa apreciação. Assim, ser humilde não é ser ignorante de quem é (enquanto natureza humana do maçom), mas, ao contrário, trata-se do conhecimento, ou reconhecimento, de tudo o que não é (aceitando e vivendo sua verdadeira condição).

> A humildade é uma virtude humilde: ela até duvida que seja uma virtude! Quem se gabasse da sua mostraria simplesmente que ela lhe falta. Isso todavia não prova nada: não nos devemos gabar, nem nos orgulhar, de nenhuma virtude, e é isso que a humildade ensina. Ela torna as virtudes discretas, como que despercebidas de si mesmas, quase negadas. Inconsciência? É antes uma consciência extrema dos limites de qualquer virtude, e de si. (COMTE-SPONVILLE, 1999, pg. 109)

Nesse sentido, de conhecimento pleno de si, que é construído o limite do maçom, pois o conhecimento daquilo que ele não é e o respeito a esta condição, permite ao humano se entender como a um nada, porém jamais depreciativo, ou depressivo sobre sua condição, mas entender seu lugar e seu papel na Ordem. Para que então, com respeito, simplicidade e trabalho, possa o maçom crescer e superar-se, sem as vaidades que destroem a alma e a obra.

Comte-Sponville (1999, pg. 109) já abordava que essa é uma condição natural a qual se torna humana, visto que "Tão sábio quanto quiser, mas enfim é um homem: o que é mais caduco, mais miserável e mais nada?". Torna-se absurdo, portanto, querer superar o homem, sem o conhecimento e o respeito aos seus limites e esta é uma atitude que deve ser evitada pelo maçom. Pois a humildade é a virtude mais lúcida, sempre insatisfeita para consigo mesma, mas que o seria ainda mais se não o fosse. Como Comte-Sponville (1999, pg. 109) argumenta muito bem, a humildade é "a virtude do homem que sabe não ser Deus", pois entende que é preciso amar mais do que a si próprio.

A SIMPLICIDADE

A virtude da simplicidade é exatamente o que sugere, é evocar ao maçom a condição de ser simples, ou melhor, de não ser complicado, de não ser composto por inúmeras verdades, vaidades, ornamentos, inchaços, adornos. É ser puro no que o qualifica e constitui como maçom, bem como cidadão, pai, marido, filho, irmão, amigo, companheiro e tudo mais onde ele se encontrar.

> O simples vive como respira, sem maiores esforços nem glória, sem maiores efeitos nem vergonha. A simplicidade não é uma virtude que se some à existência. É a própria existência, enquanto nada a ela se soma. Por isso é a mais leve das virtudes, a mais transparente e a mais rara. É o contrário da literatura: é a vida sem frases e sem mentiras, sem exagero, sem grandiloqüência. É a vida insignificante, a verdadeira vida. (COMTE-SPONVILLE, 1999, pg. 116)

Entendendo-se que ser simples não é ser simplório. Ser simplório é ter por característica aquilo que o caracteriza por ingênuo, muito tolo ou muito crédulo. O maçom não deve ser simplório, para que não possa ser governado por aqueles que não merecem a liderança. Deve sim, ser consciente, ser simples na sua maneira de ser, para que então possa andar lado a lado daqueles que julgar dignos de serem líderes, pois:

> O simples é aquele que não simula, que não presta atenção (em si, na sua imagem, na sua reputação), que não calcula, que não tem artimanhas nem segredos, que não tem segundas intenções, programa, projeto. (COMTE-SPONVILLE, 1999, pg. 121)

Portanto, ao maçom simples não é negada a capacidade de pensar, ou mesmo a de questionar-se, mas é lhe dada a característica de descomplicar as situações e adversidades que se apresentam perante ele. É viver puro, sem floreios ou adornos, tornando-se feliz pelo que é, tornando-se verdadeiro pelo que se apresenta e tornando-se livre perante a sociedade.

Ao maçom é preciso lembrar que a simplicidade é a virtude dos sábios, assim como a sabedoria é a virtude dos santos e a tolerância é a união da sabedoria e da virtude para aqueles que não são nem uma coisa nem outra (nem simples e nem virtuosos). São pequenas virtudes fundamentais ao companheiro, pois além de conviver com suas limitações deve aprender cada vez mais a lidar para com as dos demais.

A TOLERÂNCIA

A tolerância é a virtude que busca definir o grau de aceitação diante de um elemento contrário a uma regra moral, cultural, civil, pois é o ato ou efeito de tolerar, sendo essa uma indulgência ou condescendência.

Está pautada no limite daquilo que torna o maçom o que é, ou mesmo no limite daquilo que torna a todos humanos. Entretanto, não é possível tolerar ao estupro, a guerra, a fome, a miséria, a doença, a violência, a corrupção. Quando se toleram esses itens, perde-se aquilo que torna o ser humano, verdadeiramente humano.

> Uma tolerância universal seria, é claro, moralmente condenável: porque esqueceria as vítimas, porque as abandonaria à sua sorte, porque deixaria perpetuar-se seu martírio. Tolerar é aceitar o que poderia ser condenado, é deixar fazer o que se poderia impedir ou combater. Portanto, é renunciar a uma parte de seu poder, de sua força, de sua cólera. (COMTE-SPONVILLE, 1999, pg. 125)

Tolerância não é passividade, não é esquecer, não é necessariamente perdoar, é suportar aquilo que, sabendo-se estar errado, ou em desagrado, ainda será benéfico. É estar disposto a sacrificar-se pelo maior, pelo coletivo ou indivíduo em um ato de amor fraternal. O maçom é conclamado a tolerar, mas não a coadunar com o que é inaceitável.

A tolerância jamais pode sobrepor-se a verdade e a justiça, pois estas são insuperáveis ao maçom em sua senda de erguer templos a justiça e buscar incessantemente a verdade.

Portanto, não há como esquecer-se que a tolerância não é apenas uma virtude a ser disponibilizada ao próximo, em suas falhas mundanas, mas também a si próprio, pois também não o é perfeito e tens o direito de aprender. Para tanto é indispensável a devida tolerância, enquanto ainda desbrava pelas veredas do aprendizado, porém sem jamais fugir à responsabilidade inata a todos que sobem os degraus da escada evolutiva de Jacó.

A PUREZA

A pureza é a virtude daquilo que não fora maculado, contaminado por vícios, ou mesmo retornado ao seu estado natural, límpido em essência, simples em conceito. A pureza define aquilo que é pelo que simplesmente é.

O companheiro maçom deve buscar ter em si a pureza advinda da inocência, da simplicidade e da humildade, aquela que não busca alterar o que é, mas de fazer retornar a aquilo que nunca deveria deixar de ter sido.

Lógico que existem muitas situações e contextos em que é impossível retornar aquilo que fora maculado ao seu estado natural de pureza, mesmo que venha a ser descontaminado do vulgo, ainda restará na mente as marcas impressas. Marcas essas que definem o ser em seu estado da arte, pois foram responsáveis pela construção daquilo que o define. Comte-Sponville (1999, pg. 137) define com clareza que "puro é o que é limpo, sem mancha, sem mácula. A água pura é a água sem misturas, a água que é apenas água".

Qualquer que seja a modificação que venha a ser feita alteraria sua pureza, seu estado inicial, fazendo com que não mais puro o fosse.

A DOÇURA

A doçura é a virtude responsável por limitar o impacto, a ação e o poder da violência, da agressão, da ira, sendo tida como a virtude da mansidão, pois chama o maçom ao trabalho em seu próprio coração. Segundo é apresentado por Comte-Sponville (1999 pg. 145) a doçura é acima de tudo "uma coragem sem violência, uma força sem dureza, um amor sem cólera".

Trata-se da paz almejada, seja ela real ou não, pois se opõe a guerra, a crueldade, a agressividade e a brutalidade. Mesmo que a custo de muita angústia e de um grande sofrimento, pois se compadece do próximo.

A doçura é a virtude do amável, do carinhoso e do humano, ao maçom é fundamental na construção de uma humanidade que vale a pena ser defendida. Pois carrega em seu seio o amor simples, a ternura, o carinho em prol da felicidade do outro, do alento e da amenização da dor e do sofrimento que corrompem o coração do próximo.

A BOA-FÉ

Partindo-se do olhar tido pelo Código Civil para com essa virtude, a Boa-fé, entende-se que esta é um conceito ético de conduta, o qual está moldado na ideia de se proceder com correção e com dignidade, mediante uma atitude pautada nos princípios da honestidade, da boa intenção e no propósito de não buscar prejudicar ao próximo, ou a si próprio.

Segundo muito bem explicitado por André Comte-Sponville (1999), o maçom, ou cidadão de boa-fé é aquele que é fiel ao que crê, ou seja, é fiel àquilo que considera verdadeiro, seja em público ou em privado. Porém:

> Ser de boa-fé não é sempre dizer a verdade, pois podemos nos enganar, mas é pelo menos dizer a verdade sobre o que cremos, e essa verdade, ainda que a crença seja falsa, nem por isso seria menos verdadeira. É também o que se chama de sinceridade (ou veracidade, ou franqueza), e o contrário da mentira, da hipocrisia, da duplicidade, em suma, de todas as formas, privadas ou públicas, da má fé. (COMTE-SPONVILLE, 1999, pg. 152).

Observa-se, entretanto, que ter boa-fé, não significa dizer tudo sempre, visto que não é possível. O tempo não permite que tudo seja exposto, bem com a doçura e a decência impedem o maçom virtuoso de expor de qualquer forma temas que trarão dor, ou qualquer outra reação negativa ao próximo.

Deve-se lembrar que a Sinceridade sob a qual é construída a boa-fé não pode ser tida por simples exibicionismo, senão poderia até ser considerada como selvageria.

O maçom tem o direito de se calar, sendo até recomendado que o faça com relativa frequência. Pois a boa-fé não proíbe o silêncio, apenas proíbe a mentira.

Ao se utilizar da boa-fé, do próprio maçom, ou de terceiros, esta deve ser pautada em dois grandes princípios, primeiro no cumprimento a lei o ao dever e, segundo, ao julgo do bom senso, tão ou mais importante que o primeiro. Afinal, o que é preferível ao maçom? Estar certo, ou ser feliz?

É importante lembrar que ser honesto para consigo, doa o quanto doer é obrigação do maçom, assim como ser honesto para com os outros, sempre considerando compassivamente a capacidade do outro em suportar essa honestidade. Porém, reforça-se que calar-se não é mentir, pois é preciso encarar o que se entende como verdadeiro, é preciso preferir a sinceridade à mentira sempre, tendo como mestre o conhecimento e não a ilusão. Para que então, seja possível proferir a palavra de maçom e receber de todos, a devida boa-fé.

Observando-se que o maçom herda da maçonaria sua reputação, ao mesmo passo que a maçonaria absorve a reputação do maçom, é preciso lembrar que a senda de um é compartilhada por todos e a virtude de todos é herdada por um, sendo assim, compreende-se que a Boa-fé leva ao Humor (a próxima virtude) e a Má-fé, leva a ironia para com seu semelhante (tida como vício).

O HUMOR

É a virtude que trata do estado de espírito do maçom e por esse motivo, muitas vezes costuma-se julgar superficialmente os jeitos e trejeitos dos outros a partir de elementos como o bom ou mau humor. É uma virtude que permeia o âmbito da psicologia, onde observa-se o humor como sendo relativo a uma atitude benevolente que busca realçar o grotesco de um comportamento sem a frivolidade do cômico nem a crueldade da sátira, visto que ambos poderiam depreciar a virtude transformando-a em uma ofensa.

> Se "a seriedade designa a situação intermediária de um homem eqüidistante entre desespero e futilidade", como diz lindamente Jankélévitch, devemos observar que o humor, ao contrário, opta resolutamente pelos dois extremos. "Polidez do desespero", dizia Vian, e a futilidade pode fazer parte dela. É impolido dar-se ares de importância. É ridículo levar-se a sério. (COMTE-SPONVILLE, 1999, pg. 164).

O companheiro maçom deve compreender que não ter humor é similar a não ter humildade, tido por não ter lucidez, condenado a não ter leveza, tornando-se um ser demasiado cheio de si, demasiado severo e demasiado agressivo. Não se ter humor é o mesmo que carecer de generosidade, de doçura, de misericórdia. O que seria da vida, sem a devida alegria a qual move o coração e alma, o qual traz o alento e ameniza a dor advinda da própria vida. Porém:

> Isso não impede a seriedade, no que diz respeito a outrem, nossas obrigações para com ele, nossos compromissos, nossas responsabilidades, até mesmo no que diz respeito à condução de nossa própria existência. Mas impede de nos iludirmos ou de ficarmos demasiado satisfeitos. Vaidade das vaidades: só faltou ao Eclesiastes um pouco de humor para dizer o essencial. Um pouco de humor, um pouco de amor: um pouco de alegria. (COMTE-SPONVILLE, 1999, pg. 164).

Não se trata de desprezar, ou fazer graça a tudo e todos, de não se respeitar o devido protocolo, a hierarquia estrutural da ordem, ou mesmo a justa autoridade, mas sim, ter o saudável zelo para com o que define ao maçom como ser social, pois o excesso de seriedade, mesmo na virtude, possui sim algo de suspeito e pode tornar-se inquietante. Muito se discute sobre isso, pois é visto que há nesse comportamento alguma ilusão ou mesmo fanatismo.

O AMOR

Não existe maior virtude, mais necessária e nem mais complexa de se definir que o amor. Existem tantas formas, conceitos e concepções quanto pessoas na face da terra. Afinal, pergunte a 100 pessoas o que é o amor e obterá 100 respostas, mesmo que algumas sejam similares, nenhuma é de fato igual.

Podendo-se ainda subdividir por tipologia pautada na finalidade, por exemplo o amor carnal (por exemplo aquele entre um homem e uma mulher), o amor maternal/paternal (aquele da mãe/pai para com seu filho (a)), o amor fraternal (aquele para com seus semelhantes) e o amor divino (aquele para com toda humanidade, advindo apenas da mais pura devoção a causa humana).

> No fundo, é o que Kant chamava de amor prático: "O amor para com os homens é possível, para dizer a verdade, mas não pode ser comandado, pois não está ao alcance de nenhum homem amar alguém simplesmente por ordem. É, pois, simplesmente o amor prático que está incluído nesse núcleo de todas as leis. [...] Amar o próximo significa praticar de bom grado todos os seus deveres para com ele. Mas a ordem que faz disso uma regra para nós também não pode comandar que tenhamos essa intenção nas ações conformes ao dever, mas simplesmente que tendamos a ela. Porque o mandamento de que devemos fazer alguma coisa de bom grado é em si contraditório." O amor não é um mandamento: um ideal ("o ideal da santidade" diz Kant). Mas esse ideal nos guia, e nos ilumina. (COMTE-SPONVILLE, 1999, pg. 174).

Cada tipo de amor, ou cada variação por assim dizer, é permeado de inúmeras possibilidades. Por conta dessa complexidade compreende-se o amor como a virtude coroada, da qual todas as outras brotam. Sem o amor não seria possível a compaixão, a temperança, a justiça, a tolerância e nenhuma outra virtude, pois seriam deturpadas pelo ideal cego, pela simples execução mecânica daquilo que define cada virtude. Afinal, como já sabiamente dito em uma passagem bíblica, ainda que eu falasse a língua dos anjos, sem amor, eu nada seria.

3.1 O COMBATE AOS VÍCIOS

Além de construir um arcabouço de virtudes, o companheiro maçom no Rito Moderno tem a obrigação moral de combater veementemente os vícios que aprisionam a vontade do homem. Os vícios são por definição os hábitos repetitivos que degeneram o corpo, a consciência e a alma, causando algum prejuízo não apenas a aquele que o pratica, mas também para aqueles que convivem com o viciado (aquele que é acorrentado na prática do vício).

Trata-se diretamente do oposto da virtude, aprisionando seu praticante em um ciclo interminável de degeneração das mais diversas espécies. Esse oposto muitas vezes é construído não pelo antagônico da virtude, mas também surge tanto devido ao seu excesso, como também pela sua ausência ou deficiência. Por exemplo, a virtude do amor, tem seu contraponto no egoísmo, que é a falta de amor, ou a deficiência no amor, mas também encontra outro vício na permissividade, que surge quando ama-se em excesso e de forma não saudável e salutar. Mesmo a virtude da integridade que tem em sua ausência o vício da corrupção, é também corrompida pelo seu excesso, o que retira do indivíduo um pouco de sua humanidade e a substitui pelo comportamento legalista onde impera a falta daquilo que se conhece por bom senso, não que a lei não deva ser exercida em sua plenitude, mas que cada situação deva ser medida de acordo com a justiça. Ou ainda a virtude do Respeito que em sua falta torna-se o vício da negligência e em seu excesso tornar-se-ia idolatria a qual é tão ou mais nociva que a própria negligência.

Tudo aquilo que é praticado sem medida, sem controle da razão e que se opõe diretamente a alguma das virtudes aqui listadas (e outras que possam existir na consciência humana) é tido como vício. Portanto, não é incomum constatar nas sociedades humanas aqueles que sucumbiram a esse terrível mal, como por exemplo, os acometidos pelo alcoolismo e o tabagismo, mais comuns devido a liberação de seu consumo, mas, também outros mais nocivos como a cleptomania, o excesso de luxúria, a libertinagem, as síndromes do consumismo desenfreado e ainda o abuso de fármacos que acorrentam a mente e o corpo de seus dependentes.

Não se trata de buscar uma vida de celibato, mas sim, de construir uma consciência saudável e salutar no transcorrer da vida, buscando preferencialmente a virtude ao vício, combatendo, sem se valer da agressividade natural do ser humano, a recorrência às vias fáceis de fuga da realidade.

Deve-se lembrar de que o vício encontra força na solidão, no desespero, na tristeza e na fraqueza, alimentando-se da vaidade e da superficialidade da felicidade momentânea e esporádica, advinda da euforia que os vícios proporcionam, como no consumo de fármacos, alucinógenos e ainda, da adrenalina proporcionada pelo momento.

Essa adrenalina é tão viciante que pode chegar a transformar rapidamente uma pessoa honesta em um cleptomaníaco, pode converter uma ferramenta de transporte em uma arma ao se praticar um racha de carro ou moto, pode destruir amizades e unidades familiares por conta da traição e da busca incontrolável por sexo e luxúria.

Inúmeros são os exemplos do que os vícios são capazes de desconstruir, não obstante, desfalecer e encerrar a vida por conta de momentos de euforia e de fuga da realidade, muitas vezes pesada demais para se encarar sozinho(a).

É neste momento que o companheiro encontra seu caminho, combater os vícios não significa apenas construir seu templo interior de forma límpida, mas construir um templo que possa ser usufruído por outros, onde aos que necessitam do caminho da virtude possam sufocar seus vícios e encontrar no maçom um porto seguro para construção de sua felicidade. Não ancorada no outro, mas alicerçada na igualdade, fraternidade e liberdade.

Não é de se admirar que, ao se observar os vícios no passado das sociedades humanas, as associações religiosas, neste caso o cristianismo, definia o que se conhece como vício através de um pecado, ou seja, os famosos sete pecados capitais a saber:

A GULA

Trata-se do desejo insaciável por comida e bebida, não sendo a simples saciedade das necessidades fisiológicas. A gula está diretamente relacionada ao egoísmo, sendo o desejo de se adquirir sempre mais e mais, onde o indivíduo não se contenta apenas com o que já possuí, sendo também uma forma de cobiça humana. É o oposto direto da temperança.

A AVAREZA

A avareza, também tida por ganância é o excessivo e descontrolado apego aos bens materiais, as posses mundanas e sim, ao dinheiro. É construir a felicidade na mais fina camada de gelo, sob a qual encontra-se o lago da solidão, pois o avarento não conquista amor, amizade e reciprocidade, mas sim o interesse.

A LUXÚRIA

É o desejo passional, incontrolável e egoísta por toda forma de prazer, seja carnal, corporal ou mesmo material. É a tradução direta das paixões, não as advindas do amor e da felicidade pura, construídos na prática das virtudes, mas sim, daquela paixão construída no abuso, na libertinagem e nos excessos de qualquer espécie.

A IRA

Trata-se de externar o ódio e a raiva humana em seu sentido mais puro, tornando aquele que cede a sua sede em um provedor oco de uma cólera destrutiva, não apenas para com os outros, mas principalmente para consigo.

A Ira consome aquele que a ela cede, convertendo o forte desejo de causar mal na mais pura expressão da capacidade humana de gerar conflitos através das gerações.

A INVEJA

Trata-se do desejo descontrolado pelas posses, status, habilidades e tudo mais que outro(s) indivíduo(s) possa(m) vir a ter ou ser. O invejoso não é capaz de sentir prazer, alegria ou felicidade em suas próprias realizações, pois não as considera dignas de si, sendo que jamais estará satisfeito ou se realizará nas conquistas do próximo.

Normalmente a inveja é confundida com a avareza, por conta do desejo pelo material, mas diferente da simples busca por posses, ele não se sacia em si, mas naquilo que a outro pertence, muitas vezes conspirando na busca pelas posses do próximo ao preço que se fizer necessário.

A PREGUIÇA

É a transcrição da mediocridade, ou seja, a falta de capricho, de esmero e de empenho. É ser negligente com o que está sob sua tutela, é ter desleixo, morosidade, lentidão e por muitas vezes é ter moleza e por ser mole é tido como característica daquele que é fraco e fracassado.

A preguiça é um mal que indiferente a sua origem, orgânica ou psíquica, destrói corpo, mente e alma pela simples falta de inatividade.

A SOBERBA

Trata-se do orgulho excessivo, da arrogância e da vaidade. A soberba é a chave que condena milhares a prática do que é errado, podendo ser tido como o verdadeiro pecado, pois é muito fácil de se descontrolar, devastando tudo pelo que o maçom trabalhou tanto para construir.

A vaidade é sem dúvida o pecado que mais vidas custou, pois move a inveja, deita-se na preguiça, consome-se na gula, externa-se na ira, constrói-se na avareza e delicia-se na luxúria, concentrando em si um pouco de cada um dos demais pecados capitais.

A soberba é um dos mais fortes fomentadores dos vícios e por meio dele se desvirtuam as virtudes. Afinal são só vaidades, sempre vaidades e nada mais que vaidades.

4 AS CINCO VIRTUDES INTELECTUAIS

Ao Companheiro Maçom, agora mais acostumado com a luz da razão, é preciso trilhar os caminhos dos conhecimentos iniciáticos da ordem, pelo que se sobressaem às bases das academias modernas.

Tratavam-se de conhecimentos iniciáticos, aqueles conhecimentos que, para se ter acesso, era preciso ter previamente outro conhecimento que somente era passado mediante um processo de iniciação, tido assim como uma chave que destravaria a compreensão pela do que se espera conceber através da instrução. Corroborando com este olhar, Figueiredo (2008) apresenta que as Virtudes Intelectuais estão complementares as virtudes Morais na formação ética do cidadão, desde os mais tenros períodos.

> As virtudes intelectuais são resultados do ensino, são muito artificiais, por isso precisam de experiências e tempo para formar o caráter. As virtudes morais são adquiridas pelo hábito, costumes ou experiência. Não são inatas, são adquiridas pelo exercício da práxis, com o convívio social, ou seja, com a disposição de viver com ou conviver com os outros. (FIGUEIREDO, 2008, p. 4):

Nesse sentido, Shigue (2012, pg. 2) define as virtudes intelectuais como um método para o desenvolvimento do intelecto humano:

> De acordo com os postulados da educação clássica e medieval, assim como a linguagem é normalizada pelas artes da linguagem, o intelecto é aperfeiçoado pelas assim chamadas cinco virtudes intelectuais.

Neste processo de construção intelectual, tornaram-se, as instituições de ensino contemporâneas herdeiras das instituições clássicas, principalmente no que tange as relações entre mestre e aprendiz, as quais remontam aos anfiteatros gregos e romanos, nos quais era possível se acompanhar as teceduras e divagações do ser enquanto construíam-se as bases psicopedagógicas fundamentais a construção dos saberes. Observando-se assim, o papel real do meio universitário na construção social contemporânea:

> A universidade é reconhecida pela sociedade como o espaço de produção de ciência, conhecimento e tecnologia, que, inquestionavelmente, estão na raiz das mudanças sociais (CARRÃO e MONTEBELO, 2009, pg. 36).

Admitia-se na idade média, dentre as disciplinas essenciais a construção do indivíduo enquanto cidadão útil a comunidade e de acordo com os postulados régios da educação clássica e que se perpetuaram na educação medieval, eram responsáveis pelo desenvolvimento do intelecto as assim chamadas cinco virtudes intelectuais (separadas em duas práticas e três teóricas) - a saber:

- **Compreensão**: captar intuitivo dos princípios primordiais;

- **Ciência**: conhecimento das causas mais prováveis;

- **Sabedoria**: compreensão das causas ditas fundamentais;

- **Prudência**: pensamento coerente relativo às ações;

- **Arte**: pensamento aplicado à produção e à capacidade de produzir.

Essas virtudes, por assim dizer, ao serem desenvolvidas, permitiam a compreensão do pensamento lógico (base da investigação lógica). Através da qual surge a ciência na busca do conhecimento das probabilidades e das possíveis causas. Sendo absorvida pela sabedoria na compreensão das causas fundamentais, mediante a prudência do pensamento coerente frente às ações e, por fim, a concepção da arte no pensamento, quando este é aplicado à produção e a reprodução dos saberes.

Observa-se que, mesmo que se construa uma ordem entre as cinco virtudes intelectuais, não haviam etapas de seu aprendizado, todos os saberem eram construídos paralelamente, da mesma forma que a natureza a concebia enquanto mecanismo de criação e renovação.

4.1 AS VIRTUDES INTELECTUAIS TEÓRICAS

Compreende-se, desde as mais remotas eras, que as disciplinas teóricas são fundamentais a construção dos saberes, e delas advém o acumulado dos que antecederam ao aprendiz no processo de pesquisa e com o qual é possível progredir consideravelmente na construção dos saberes, pois, através das bases teóricas era permitido ao ser humano, não reinventar a roda, toda vez que este, necessitasse de se deslocar grandes volumes por grandes distâncias.

Foi somente através do acúmulo de saberes e descobertas, dado mediante registro do que fora hora apreendido, que foi possível realizar na humanidade o desenvolvimento tecnológico e sua expansão de forma geométrica, onde na contemporaneidade é utilizada da tecnologia para geração de mais tecnologia, prática essa advinda de uma construção teórica em sua própria concepção (CARRÃO e MONTEBELO, 2009).

Para tal construção, são consideradas como virtudes intelectuais teóricas os seguintes argumentos e focos de aprendizagem:

SABEDORIA

Ao se tratar sobre a sabedoria, enquanto virtude intelectual está fixada na qualidade ou caráter de quem é sábio. Tratando-se de uma grande manifestação de discernimento pautado na instrução, na ciência, na erudição e no saber advindos da prática constante e da pura observação no decorrer do tempo e das situações (SHIGUE, 2012).

Por muito tempo fora a sabedoria considerada a maior de todas as virtudes intelectuais, pois impera sobre a prudência em suas escolhas, preordena a arte em fatores compreensíveis, faz parte da ciência em sua busca incessante por provas e argumentos o que leva a compreensão do mundo a sua volta, construindo a verdade daqueles que a compreendem.

PRUDÊNCIA

Através do acúmulo teórico relativo a experiências e experimentações das mais diversas, é que se procede na construção de saberes em que a prudência seja focada naquilo que realmente se faz necessário, não mais carecendo do perigo eminente a toda pesquisa, quando esta não possui históricos de resultados, ou mesmo, de consequências (SHIGUE, 2012).

O prudente registra sistematicamente tudo que fora observado, em todos os seus aspectos, para que em caso de necessidade, ou de substituição, seja possível a outro continuar o seu legado.

Portanto, é a prudência que permite às virtudes intelectuais a sua perpetuação, sem a qual continuar-se-iam cometendo os mesmos erros, todas as vezes que uma experimentação fosse conduzida (COMTE-SPONVILLE, 1999).

ARTE

A arte não é apenas relacionada ao belo, ou na contemporaneidade, ao que provoca alguma reação naquele que a observa ou interage. A arte, enquanto virtude intelectual, é a responsável pela habilidade construída na prática da execução dos conhecimentos advindos das demais virtudes intelectuais. Tornando-se a virtude que transforma o esforço, a disciplina, a obstinação, o zelo e o método naquilo que é mais belo, na própria glorificação do trabalho (SHIGUE, 2012).

Ou seja, é a construção consciente da delicadeza e do perfeccionismo que são inerentes ao puro artesão que na sabedoria de seus anos de conhecimentos e experiências acumuladas cria belezas de tamanha complexidade com a tranquilidade que uma criança cava um buraco na areia. É a dominação sobre uma área de conhecimento (prática ou teórica) na qual o indivíduo é único, tal qual um pintor renascentista, um arquiteto egípcio ou um samurai no domínio da espada em sua ARTE marcial, o Kenjutsu[8].

4.2 AS VIRTUDES INTELECTUAIS PRÁTICAS

Munido da teoria necessária, ou mesmo na construção dessa teoria, está a Práxis[9] das virtudes intelectuais, sendo essa a atividade voluntária, pensada e calculada para obtenção de um fim desejado, ou mesmo, na descoberta e na comprovação de outros fins através de um meio organizado, complexo e passível de estudo e interpretação (CARRÃO e MONTEBELO, 2009).

CIÊNCIA

A Ciência é, nesse contexto, a construção advinda do conhecimento atento e da observação aprofundada sobre algo. Sendo tratada como o corpo de conhecimentos sistematizados, os quais são adquiridos via observação, identificação, pesquisa e explicação sobre as mais variadas categorias e classes de fenômenos ou fatos, o quais devem ser formulados metódica e racionalmente em todos os seus aspectos. Trata-se do conhecimento das causas mais prováveis o qual é admitido por ciência (SHIGUE, 2012).

A ciência não renega o conhecimento filosófico ou mesmo o empírico, pois compreende que através do achismo ou da sabedoria popular (resultante da simples observação ou vivência) é que surge a base para construção dos saberes científicos (os quais buscam analisar e constatar metodicamente as múltiplas variantes de cada fenômeno). Esses saberes científicos se alicerçam na compreensão dos porquês e das consequências advindas na filosofia (a qual dialoga entre mitos e verdades na construção do ser).

---

[8] Kenjutsu é a "Arte da Espada"; trata-se de um termo genérico para todos os Koryu (escolas de esgrima japonesa), originalmente praticado pelos samurais.
[9] Práxis é uma palavra com origem no termo em grego práxis que significa conduta ou ação. Corresponde a uma atividade prática em oposição à teoria.

COMPREENSÃO

A compreensão é, sem sombra de dúvidas, a virtude intelectual que mais distingue os seres humanos (enquanto espécie) dos demais seres que até o presente, sabe-se que habitam este ponto azul na imensidão do espaço. Ou seja, "a compreensão é o captar intuitivo dos princípios primordiais (o pensamento lógico e a investigação lógica)" (SHIGUE, 2012, pg. 2).

É a virtude que tem como faculdade, a habilidade de conter em si, em sua natureza, ou numa categoria, num sistema o entendimento sobre os significados (literais, simbólicos, interpretativos, culturais, etc.). Tornando-se a meta, a coroação das demais virtudes intelectuais, no que se sublima sobre a ciência ao entendê-la, a arte ao admirá-la, a prudência ao superá-la, sendo o que permite enfim a verdadeira sabedoria sobre a vida, os acontecimentos e os seres.

Compreender é a faculdade dos que tem a filosofia como linha de vida e a busca incessante da verdade como linha de ação.

5 AS SETE ARTES LIBERAIS

Em um estágio complementar às cinco virtudes intelectuais, desenvolvia-se tradicionalmente, as sete artes liberais como disciplinas acadêmicas de fato que englobam, desde a Idade Média, dois grandes e significativos grupos a saber: o trivium e o quadrivium. Para tanto, Shigue (2012, pg. 1) define que:

> Artes liberais é uma expressão que designa um conjunto de estudos e disciplinas através das quais se intenciona prover conhecimentos, métodos e habilidades intelectuais gerais para seus estudantes, ao invés de habilidades ocupacionais, científicas ou artísticas mais especializadas.

O Termo Artes Liberais é derivado do mundo antigo, porém, a dimensão de seu significado, enquanto conjunto de disciplinas que compõem a formação universitária ganha importância na idade média, em especial na formação clerical (sacerdotal ou de penitência), na formação militar (altas patentes) e na formação real (principados e demais títulos de nobreza). Sendo consideradas as disciplinas fundamentais para a formação de um homem livre e de bons costumes, pois eram desfiladas da área profissional, mundana ou utilitária, sendo destinadas a sublimação do ser.

> Cada uma das artes liberais é, a um só tempo, uma ciência e uma arte, no sentido de que em cada campo há algo a conhecer (ciência) e algo a fazer (arte). (JOSEPH, 2002, pg. 24)

Além das Artes Liberais, que eram responsáveis pela formação intelectual (imaterial, metafísico e filosófico), existiam em contraponto às Artes Mecânicas, que tratavam das disciplinas não diretamente relacionadas a interesses estritamente técnicos (voltados às necessidades cotidianas do homem – bens de consumo e serviços).

> As artes liberais denotam os sete ramos do conhecimento que iniciam o jovem numa vida de aprendizagem. O conceito é do período clássico, mas a expressão e a divisão das artes em trivium e quadrivium datam da idade média. (JOSEPH, 2002, pg. 21)

Ao **TRIVIUM** coube a gramática (o estudo da língua e da linguagem), a retórica (a arte da comunicação) e a lógica (a arte do raciocínio) que conduziam a eloquência e;

Ao **QUADRIVIUM** caberia a aritmética (a teoria dos números), a geometria (a teoria do espaço e das formas), a música (a aplicação da teoria dos números em todo o seu esplendor) e a astronomia (a aplicação da teoria do espaço e das formas em toda sua glória).

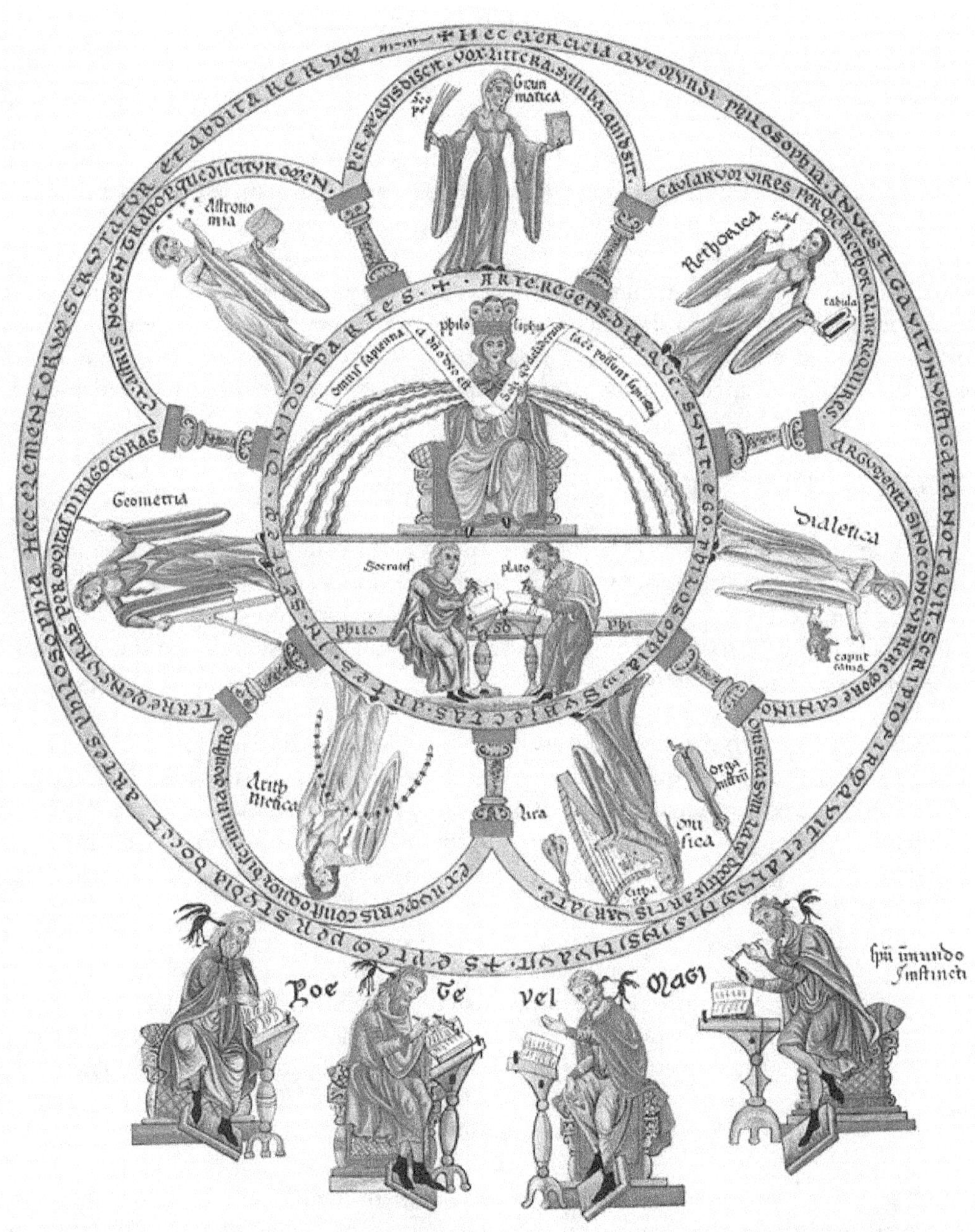

**Philosophia et septem artes liberales ("Filosofia e As Sete Artes liberais").
Autor: Herrad de Landsberg - obra Hortus Deliciarum (século XII).**

5.1 TRIVIUM

Shigue (2012, pg. 1) define que:

> As artes do trivium teriam como objetivo prover disciplina à mente, para que esta encontre expressão na linguagem, especialmente no que se refere ao estudo da matéria e do espírito.

Camino (2001), complementa esse olhar trazendo que o trivium concentrava-se no estudo do texto e contexto literário por meio de ferramentas de linguagem distintas (a Lógica – onde se aprende a pensar, a Gramática – onde se aprende a se comunicar e a Retórica – onde se aprende a debater) as quais serão apresentadas adequadamente a seguir:

LÓGICA (OU DIALÉTICA):

Trata-se do diálogo entre o consciente e o meio a sua volta, interpretando e analisando tudo ao redor do companheiro maçom, para que este possa então, interagir com seu meio através da dança dos saberes, pois é a lógica, que juntamente com o suporte da Gramática e a possibilidade da Retórica, permitem a formação pautada no sentido natural que atribui personalidade ao Companheiro.

Segundo o contexto maçônico apresentado por Camino (2001), a lógica é relacionada a compreensão das etapas que devem ser seguidas, no passo-a-passo do cotidiano para realização de uma determinada tarefa, sendo que, a partir dessa mesma lógica, é possível se entender o princípio e o desfecho de um acontecimento com base apenas no fragmento de informação apresentada, se considerada a não adulteração dos elementos que a compõem, visto que:

> A Lógica sustenta as leis da Filosofia e ensina o Companheiro a ser reto, justo, leal, compreensivo e tolerante. Um raciocínio lógico não é ação de qualquer pessoa; as conclusões da razão devem provir de uma mente treinada e tranqüila, ponderada a reflexiva. Trata-se da ciência da Vida, ajustada pelo raciocínio, dando à palavra o verdadeiro sentido e o equilíbrio social (CAMINO, 2001, pg 71).

Ou seja, é a parte da filosofia que aborda o pensamento em geral nas suas mais diversas formas (dedução, indução, hipótese, inferência etc.), além de tratar das operações intelectuais que permeiam a determinação do que é verdadeiro ou simplesmente não.

GRAMÁTICA:

"A pena, é mais poderosa que a espada". Esse dito popular permeia a formação do companheiro maçom do Rito Moderno, no sentido de que este, enquanto cidadão e formador de opinião em uma sociedade carente de exemplos, de líderes, de ícones e estandartes, serve de baluarte da ordem maçônica em meio profano.

> A arte de falar e escrever corretamente, no mundo moderno, quando há necessidade, para a sobrevivência, de emprestar vital importância à comunicação, o homem necessita saber esgrimir com facilidade a palavra e a pena. Saber usar a palavra certa no momento exato; saber transmitir a sua mensagem e também, saber entender as lições dos sábios. (CAMINO, 2001 pg. 69)

Camino (2001) empregou perfeitamente a necessidade da clara comunicação ao maçom, a qual pode custar-lhe a vida, o prestígio, as amizades ou mesmo para com o status social do maçom, entendendo-se que a Filosofia, enquanto ciência que estuda a composição da palavra, se alicerça na gramática para o desenrolar de seu caminho.

> A Gramática é o melhor auxiliar da Inteligência, já o dissera um sábio: resume em suas regras, a disciplina necessária para a formação da frase. (CAMINO, 2001 pg. 69)

Mesmo que a Ordem Maçônica não vise apenas aqueles homens tidos como intelectuais, busca na sua formação base, constituir maçons dotados de elevada capacidade intelectiva, cultural e simbólica, frutos do processo pedagógico iniciático.

É através da gramática que o companheiro maçom pode instruir-se mais profundamente nos saberes e mistérios da ordem, deixando de fazer simples análises simbólicas e dialogando com autores, estudiosos e filósofos através dos escritos deixados por seus antecessores. O tempo de estudos de um aprendiz é dotado de passos retos na direção do que é certo para a maçonaria, enquanto que ao companheiro é dada a liberdade de sair do caminho e retornar ao seio da filosofia maçônica.

RETÓRICA:

Enquanto se construía a base formadora do pensamento através da lógica, bem como o diálogo entre diferentes autores na construção gramatical dos saberes, estava se criando o campo fértil no qual o companheiro maçom aplica esses conceitos junto a sociedade, ou seja, preparava-se o campo para a semeadura da retórica.

Entende-se que a Retórica é em concepção a arte da eloquência, da argumentação e da oratória. Não de forma livre e sem regras, mas pensada e direcionada a construção dos saberes. Observando-se o apresentado por Camino (2001 pg. 70), quando este apresenta que a Retórica:

> É arte paralela à Gramática, pois é um conjunto de regras de
> Oratória, para conseguir que o discurso seja persuasivo, eloqüente,
> elegante e comunicativo. A Eloqüência é a arte do "falar bem", inata
> em alguns e cultivada em outros; pode ser o resultado de estudo,
> transformando-se em algo artístico, como também, pode resultar de
> um dom natural. O Orador e o Poeta não são fabricados, nascem
> assim. Conhecem-se os "inspirados" quando improvisam, e o
> poderem fazer, simplesmente em discurso, ou versejando, pela
> palavra ou através de cânticos. Os "menestréis", "trovadores", da
> Renascença, ou os nossos "repentistas" do sertão ou dos pampas, são
> exemplos comuns.

A maçonaria tem por tradição ter para si que as Lojas Maçônicas são de fato e direito "oficinas de retórica", as quais formam o cidadão que será fomento de uma sociedade melhor e mais esclarecida.

O que seria da maçonaria, se não houvessem diálogos, estudos e debates acerca do conhecimento adquirido? Estariam sendo formados simples observadores, sem papel claro na sociedade, os quais repetiriam impensadamente as verdades que receberam, sem construir a sua própria. Sendo que dessa forma, perder-se-ia o sentido de ser maçom.

5.2 QUADRIVIUM

O Quadrivium está voltado ao estudo dos elementos materiais, ou seja, o estudo da própria matéria. Assim, munido dos conhecimentos que dão base ao companheiro maçom do Rito Moderno, é chegado o momento de buscar o brio necessário à sua formação complementar. Nesse sentido, segundo argumenta Camino (2001), o quadrivium, elemento complementar ao trivium nas sete artes liberais, estava vinculado ao ensino por meio de ferramentas relacionadas à matéria e à quantidade (a Aritmética, a Música, a Geometria e a Astronomia) as quais serão apresentadas adequadamente a seguir:

ARITMÉTICA:

A arquitetura, estrutura conceitual da qual a maçonaria banha-se em inspiração tem em seu seio a matemática como fundamento, sendo que a Aritmética, enquanto ciência, é parte da matemática, que está responsável por estudar o entorno das operações numéricas (a soma, a subtração, a multiplicação, a divisão, entre outras). Nesse sentido entende-se que:

> A arte de calcular, chama-se Aritmética, hoje uma ciência exata; é imprescindível para um Mestre Maçom o conhecimento desta arte; seu estudo, obviamente, começa no 1º Grau e, no 2º Grau, adquire conhecimentos quase totais. A arte de calcular é de origem árabe, porque os números usados, conhecidos hoje, nos foram legados pelos sábios árabes. Álgebra, Matemática e ciências correlatas, todas constituem a Aritmética. A Álgebra se apresenta muito mais abreviada, e tem aplicações nos cálculos superiores. (CAMINO, 2001 pg. 71)

Indo além da simples conjuntura exata, ao maçom operativo já era fato compreendido que o universo se traduz em fórmulas matemáticas, incluindo a música, a geometria e a astronomia. É através da Aritmética, que se encontra o símbolo o qual mais se compreende o atributo do Companheiro Maçom. É através dele que se torna possível a multiplicação das virtudes, a exemplo da benevolência, da doçura e da honradez.

MÚSICA:

Desde os primórdios das sociedades humanas é possível encontrar a música como elemento fundamental na construção cultural, étnica e social do indivíduo. A música é a arte em seu estado mais puro e a ciência em seu estado mais avançado. É através dela que se contam histórias, que se gravam sentimentos e lapida-se a alma.

A música é a junção harmônica de um conjunto de sons, que indiferente ao estilo ou idioma em que se apresenta tem por finalidade encaminhar o ouvinte a meditação e ao pensamento profundo (mesmo que este seja o de repulsa pelo que se houve).

> A Música tem a sua definição convencional, por exemplo: "A Arte de produzir e de combinar os sons de um modo tão agradável ao ouvido, que as suas modulações comovam a alma". Sem dúvida, uma definição poética, contudo, devemos partir dos sons naturais, que nos chegam, sem que a mão humana interfira na sua produção, como o som que produz o vento entre as folhagens, o bater do coração, ou o eco dos trovões. (CAMINO, 2001 pg. 73)

A música tem em sua essência a capacidade de ligar o indivíduo aos mais diversificados caminhos, indo do transcendental (exemplificado na música erudita, sacra e instrumental) até a euforia advinda das festividades tribais que induzem a manifestação de experiências transcendentais pelo transe (a exemplo das tribos indígenas e dos grandes shows contemporâneos).

Ligar-se com o sublime, ou com o profano é possível através da ciência musical, a qual funde o maçom ao meio em que está e torna a experiência vivenciada nos templos algo único e formidável.

GEOMETRIA:

A Geometria versa sobre a aplicação da Aritmética na construção das formas que constituem o mundo, trata-se do ramo da matemática responsável pelas questões que envolvem a forma, o tamanho e a posição relativa de figuras e com as propriedades do espaço em que se apresentam.

A Geometria apresenta sua profunda ligação com a Aritmética (se o universo é a manifestação da matemática em seu sentido mais puro, a geometria é o mecanismo adotado nessa manifestação). Assim, observa-se enquanto companheiro maçom sua adoção nos mais singelos detalhes, indo desde as joias adotadas pelos oficiais, os ornamentos e disposições no templo, bem como seu significado simbólico. Tanto que Camino (2001, pg. 73) remete a seguinte análise:

> A Geometria fornece à Matemática os números, como vimos no estudo anterior e ela é responsável pela Construção de toda obra edificada. Não há um símbolo, seja uma Coluna, ou um Avental, uma Estrela ou outro qualquer que dispense para a sua criação do traçado geométrico e é tamanha a importância desta ciência-arte, que o Maçom denomina no Grau 2 o Grande Arquiteto do Universo como o Grande Geômetra, analisando com profundidade a letra "G". Os Ângulos, Triângulos, Polígonos e Circunferências, Pontos, Retas e Curvas, são os elementos componentes da Geometria.

Portanto, é imprescindível que se busque na compreensão filosófica para com a natureza que permeia o maçom, bem como na sua relação para com o universo, a devida proporção áurea de suas análises em sintonia com a exatidão e retidão de suas ações.

ASTRONOMIA:

A Astronomia é a última arte liberal, versando sobre o estudo acerca do movimento astronômico (e porque não cósmico) que os inúmeros corpos celestes estão realizando. Este movimento perpétuo advindo da gravitação universal desenrola-se como um balé eterno, onde forças primordiais do cosmos ditam regras explicadas apenas pelas mais complexas teorias matemáticas.

Essa representação cósmica é descrita na forma de adorno nos templos maçônicos, permitindo ao culto, contemplar-se frente à totalidade da existência, compreendendo que por mais esforçado que seja, ainda é inconcebível compreender a totalidade da verdade.

> As Lojas possuem, entre os seus símbolos, muitos astros: o Sol, várias estrelas, enfim, a própria Abóbada Celeste, sem contudo, deter-se no estudo desta ciência. (CAMINO, 2001 pg. 77)

Porém é preciso cautela no estudo da Arte Liberal da Astronomia, pois a mesma é passível de gerar confusão, principalmente se confundida com sua disciplina irmã, não tão profunda e mais empírica, a Astrologia.

> Não confundamos Astronomia com Astrologia; a primeira, uma ciência; a segunda, quiçá, apenas, uma arte. Estudar os Astros para observar o destino de uma pessoa, organizando um "horóscopo", tem sido prática antiquíssima, onde não se consegue vislumbrar a fronteira entre a realidade e a mistificação. (CAMINO, 2001 pg. 77)

A ciência que versa o movimento, o destino cosmológico e sua dimensão relativa à insignificância humana, quando aliada a justa filosofia, permite ao companheiro maçom compreender mais do que apenas o simbolismo advindo dos mistérios do mundo antigo (a exemplo dos panteões gregos e romanos os quais adotavam o cosmos representativamente em suas divindades), mas passe a compreender verdadeiramente seu papel enquanto membro da sociedade e seu papel enquanto elemento cósmico (o que pode ser revelador, pois se constata sua insignificância no processo levando o verdadeiro companheiro maçom ao entendimento de uma verdade maior, a qual ainda precisa desbravar).

Compreende-se, portanto, que tempo, espaço e matéria regem as verdades cósmicas e que enquanto elementos dessa verdade o ser humano, nada mais é do que um simples e impotente grão de areia na ampulheta do que é verdadeiramente eterno.

Nesse momento é possível compreender que o universo é demasiadamente complexo para que se cogite a inexistência de um princípio criador, podendo ser considerado um projeto verdadeiramente arquitetado no qual a vida, em sua plenitude, pode florescer.

Da mesma forma e em contraponto ao anteriormente dito, é muita arrogância pressupor que, frente à imensidão da totalidade da existência, apenas nesse efêmero período, nesse minúsculo lugar, exista a vida e a consciência.

6 OS ESTUDOS SUPERIORES

Após solidamente constituído pelos conhecimentos advindos das virtudes intelectuais e das sete artes liberais, partia-se para o que se conheciam como estudos superiores. Essas ditas disciplinas compunham nos primórdios das instituições acadêmicas o que se entendia como elementos preparatórios (SHIGUE, 2012). Após seu término, devidamente instruído da base necessária, o acadêmico transcorria uma formação específica como a teologia, a medicina e o direito.

A partir desse processo de construção da linguagem, atribuíam-se estruturas de pensamento pautado na normatização dos processos como, por exemplo: "o pensamento segundo a verdade; as palavras faladas e escritas segundo a correção; a comunicação segundo a eficácia" (SHIGUE, 2012, pg. 3).

É a partir desse sentido que se diz que a eficácia é a norma norteadora da retórica, a correção é a norteadora norma da gramática e a lógica define os limites da norma que rege a verdade. Shigue (2012, pg. 3) apresenta o argumento dos defensores dessa forma de ensino aprendizagem:

> Segundo os propugnadores de tal método educacional clássico, para que se possa penetrar em níveis de conhecimento superior das ciências, da metafísica ou da teologia, o indivíduo deve ser capaz de pensar de forma retilínea e coerente, fazendo uso correto e eficaz das palavras, nos mais variados níveis de discurso.

Como é cediço, a educação ocorre por meio da comunicação, ou seja, pelo encontro de duas ou mais mentes, a possuir algo em comum. De acordo com tal sistema, isso implicaria na conclusão de que o trivium, antes de mais nada, é um estudo básico, cujo objetivo primordial é dar início a uma vida de aprendizagem - algo meramente provisório - com a qual se adquire uma das cinco virtudes intelectuais, abaixo explicadas.

É de conhecimento popular e comprovada eficácia científica que a educação ocorre principalmente por meio da comunicação dialogada, o que reforça a importância, nos fundamentos do contexto acadêmico às necessidades das sete artes liberais, com destaque para o trívium como estudo básico, bem como o trabalho com as cinco virtudes intelectuais na formação do intelecto, sendo essa a importância fundamental no desenvolvimento do companheiro maçom do Rito Moderno.

7 A CONSTRUÇÃO DOS SABERES

Na Ordem Maçônica como um todo, desde seus primórdios enquanto instituição especulativa (não contando os aspectos operativos da sociedade de pedreiros e artesãos medievais, nem das questões místicas das antigas ordens iniciáticas de onde herda sua mitologia) sempre teve em seu seio a pedagogia como ferramenta de construção dos saberes. Não se confundindo com uma pedagogia contemporânea, baseada na otimização da infância, ou na vitimização social, mas sim, tratando daquela pedagogia mais focada na transferência pontual do conjunto de saberes que compunham a escada de Jacó do aperfeiçoamento maçônico.

Neste contexto, é preciso limpar os conhecimentos prévios do maçom para com o processo educacional pedagógico, o qual profanamente é diferente do maçônico. Assim, nesse capítulo estará sendo admitido como conceito base para a Pedagogia, como está sendo o "conjunto de métodos que asseguram a adaptação recíproca do conteúdo informativo aos indivíduos que se deseja formar" (dicionário informal de português). Corroborando com a definição apresentada, busca-se nas palavras de Freire (1998, p.25) o devido complemento a questão, quando este apresenta que:

> Ensinar não é transferir conhecimentos, nem formar é a ação pela qual um sujeito criador dá forma, estilo ou alma a um corpo indeciso e acomodado. Não há docência sem discência, as duas se explicam e seus sujeitos, apesar das diferenças que os conotam não se reduzem a condição de objeto, um do outro. Quem ensina aprende ao ensinar, e quem aprende ensina ao aprender

Compreende-se, portanto, que o aprendizado iniciático provido pela Ordem Maçônica é em seu sentido mais direto, um conhecimento fragmentado, o qual necessita de chaves específicas obtidas na medida em que se sobem os degraus do saber maçônico disposto na forma de graus.

Essas chaves específicas, não se tratam de um grande segredo, ou mistério da ordem, mas sim de um entendimento ou mesmo, de uma perspectiva que permeia o processo de construção dos saberes, organizando-os na seguinte estrutura base disposta em todo grau adquirido:

- **Estudo do Simbolismo** – parte fundamental e compartilhada por todos os graus, ritos e potências pelo mundo. Cada símbolo tem inúmeros significados e podem ser unificados para um entendimento composto mais amplo do que isoladamente teria.

- **Estudo da História** – parte necessária para a compreensão do contexto em que o simbolismo, sua tradição e aplicação desenvolveram-se. A partir da história é possível compreender os fomentadores que inspiraram sua gênese no processo de concepção simbólica.

- **Estudo da Filosofia** – parte resultante da junção do significado simbólico e do contexto histórico que o originou, para que assim seja possível compreender o porquê e o para que de cada símbolo, bem como as consequências de sua aplicação no contexto social de cada indivíduo frente à sociedade.

A junção desses estudos, dentro de cada um dos graus que possuem símbolos distintos, história peculiar e filosofia própria é o que se caracteriza como um dos caminhos para se alcançar a sabedoria (a qual será detalhada adequadamente em capítulo próprio intitulado de CONHECIMENTO MAÇÔNICO X SABEDORIA MAÇÔNICA).

Entende-se, portanto, que o processo de construção dos saberes na instituição provoca diretamente uma forte mudança ideológica e cultural no maçom, a qual já pode ser nitidamente percebida no grau de companheiro em comparação a seu "eu", enquanto aprendiz. Essa mudança é atribuída ao processo pedagógico vivido na construção dos saberes, sendo que é neste cenário, que Alarcão (2001, p. 10) define o contexto dessa mudança:

> Neste contexto de profunda mudança ideológica, cultural, social e profissional, aponta-se a educação como o cerne de desenvolvimento da pessoa humana e da sua vivência na sociedade, sociedade na qual se espera um desenvolvimento econômico acrescido de uma melhor qualidade de vida. Nesse mundo de maravilhas, vive-se também o risco e a incerteza.

A maçonaria e em especial o grau de companheiro no Rito Moderno, buscam potencializar essa mudança, muitas vezes traduzido pela imagem de um homem lapidando a si próprio. É esse o processo de construção social ao qual o maçom compromete-se em seu ingresso na instituição, porém o mesmo somente será possível a partir do momento em que o maçom esteja apto a viver essa mudança na sociedade.

8 O EXEMPLO COMO FERRAMENTA PEDAGÓGICA

Buscando-se alicerce nas práticas educativas contemporâneas, o que se encontra mais direcionado a vivência maçônica é a "Abordagem Sócio-Cultural" do aprendizado, a qual era defendida por Freire (1998). Onde se observava que o ser humano, nesse aspecto de ensino-aprendizagem, situava-se inserido no contexto histórico, estando, portanto, sujeito a educação e a ação educativa enquanto indivíduo único de uma sociedade e/ou ambiente. Dessa forma, nas instituições profanas, passa-se a entender a efetividade do aprendizado como um processo resultante da junção de alguns elementos, a saber:

- Estudar (Ler, Ouvir, Recitar)

- Praticar (Viver, Repetir, Disciplinar)

- Ensinar (Demonstrar, Instruir, Reaprender)

Desses processos, a maçonaria adota como mais efetivo a demonstração, ou seja, o exemplo daquilo que deseja ser ensinado (ou melhor, daquilo que é necessário ser apreendido e vivenciado na maçonaria após a devida instrução histórico-simbólica).

Essa questão pode ser aprendida (ou refletida) nas prédicas feitas aos vigilantes, no momento de suas posses em seus respectivos cargos dentro de uma oficina, ao serem lembrados que quando observarem algo de bom nos outros, que o absorvam para si, incorporando ao seu íntimo quando observarem algo de ruim ou reprovável nos outros, que corrijam primeiro neles mesmos para que a partir do verdadeiro exemplo o próximo compreenda o que é o certo. Essa prática (ensinar pelo exemplo) já era realizada de forma intuitiva enquanto compandiz mais experimentado, no qual os demais aprendizes se baseavam e tinham como exemplo na hora de agir e se portar. Agora enquanto companheiro deve-se ter consciência que os aprendizes são espelho das ações do companheiro, assim, como o companheiro é espelho para as do mestre.

De forma complementar, esse processo é similar ao discutido pelo psiquiatra americano Willian Glasser (1925 – 2013), quando o mesmo aborda que o processo de construção dos saberes no ambiente escolar (o que pode ser transposto tranquilamente ao meio maçônico) que a absorção dos saberes dar-se-á da seguinte forma:

- 10% quando lemos;

- 20% quando ouvimos;

- 30% quando observamos;

- 50% quando vemos e ouvimos;

- 70% quando discutimos com outros;

- 80% quando fazemos;

- 95% quando ensinamos aos outros.

Essa teoria apresentada por Glasser vem sendo amplamente discutida e aplicada por docentes e pedagogos sendo tida como uma das teorias mais completas na construção dos saberes, pois aborda que a efetividade da aprendizagem sublima-se no ensinar ao próximo (ASSOCIAÇÃO BRASILEIRA DE COACHING, 2016, Web). No caso do processo pedagógico maçônico de formação, é preciso lembrar que o ato de ensinar ocorre efetivamente pelo exemplo das ações do maçom dentro e fora da ordem, o que segundo a proposta de Glasser completaria o aprendizado com uma média de 80 a 95 % da absorção dos saberes pela prática (sendo essa a vivência profana do simbolismo e da filosofia maçônica). Essa proporção pode ser melhor observada na imagem a seguir:

Fonte: Adaptado do original (ASSOCIAÇÃO BRASILEIRA DE COACHING, 2016, Web).

Entende-se, portanto, que o maçom, até então alienado ao meio (enquanto aprendiz em um mundo novo e complexo), não se relacionava com a realidade da instituição maçônica (visto que estava iniciando sua caminhada), como um verdadeiro sujeito pensante (onde o pensamento é dissociado da ação), ou seja, até o presente momento, enquanto aprendiz, o maçom apenas estava na condição de membro de uma ordem iniciática, mas não tinha ainda absorvido verdadeiramente sua essência, sendo essa a diferença fundamental entre ser e estar maçom.

Dessa forma, a construção, a elaboração, o desenvolvimento e o fortalecimento do conhecimento maçônico estão ligados ao processo de conscientização de seu status frente à sociedade (é verdadeiramente entender-se enquanto maçom). Sendo preciso que, através do exemplo de suas ações, venha a exercer a verdadeira ação educativa, a qual deve, necessariamente, ser precedida tanto de uma reflexão sobre o papel desse maçom enquanto indivíduo como de uma análise da vivência que este maçom demonstra a quem se quer ensinar.

Observa-se, entretanto, que não está em discussão a capacidade intelectiva individual, ou sua desenvoltura, ou sua motivação, mesmo que estes elementos impactem profundamente no processo de ensino-aprendizagem maçônico. O que está sendo apresentado é a forma mais efetiva para se construir os caminhos do saber dentro da ordem. Caminhos esses que são adquiridos pelo estudo, disciplinados pela prática e compreendidos pelo exemplo.

Entretanto, cabe uma reflexão para com a questão do exemplo, onde observa-se que, seja em meio maçônico ou no mundo profano (profissional, social ou familiar) somente é ético e moral cobrar aquilo que ensinamos, ou aquilo que comprovadamente nos apresentam (por exemplo eu posso admitir e cobrar de um funcionário conhecimentos de direção se o ensinar, ou se ele apresentar a devida habilitação, sem isso não posso supor que ele saiba previamente o que preciso dele).

Fica, portanto, o questionamento - quando se trata da maçonaria e de seus conhecimentos inciáticos, qual a forma mais adequada de ensinar ao maçom?

Pessoalmente acredito, enquanto professor e pesquisador, que a resposta a essa indagação se encontra no exemplo de nossas ações que, diferentemente de um conhecimento técnico, estão se abordando aspectos relacionados às filosofias de vida de cada maçom, aos seus princípios e valores, características essas essenciais à convivência humana em sociedade. Assim, compreendo que somente posso ensinar aquilo que vivo intimamente na prática.

Onde ao companheiro maçom, rememora-se que aqueles que estão sob sua tutela são verdadeiramente seu espelho.

9 CONHECIMENTO X SABEDORIA

O processo de construção dos saberes maçônicos, bem como a adoção do exemplo como ferramenta pedagógica está obrigatoriamente ligado à busca do conhecimento por parte do maçom. Porém, esse processo não deve ser tratado de forma leviana, ou mesmo, vaidosa. Nesse sentido, é possível observar duas situações distintas:

- **Na primeira**, nota-se que muitos maçons **passam anos acumulando conhecimentos acerca da ordem**, de seus princípios, de sua história, de suas leis e tudo mais que possa agregar a si, sendo muitas vezes tratado (o conhecimento) como um troféu a ser conquistado, apropriando-se dessa base para si e exclusivamente para si.

A este maçom, pode-se chamar de exímio conhecedor, ou declarar-se como tal, pois detém o conhecimento sobre a ordem, enquanto que:

- **Na segunda**, em contrapartida, é possível observar que outros maçons, com o passar do tempo, não apenas adquirem o conhecimento simbólico, histórico ou metafísico (sendo por vezes adquirido o conhecimento em pouco volume), mas **vivem em plenitude tudo aquilo que aprenderam**, mesmo que não compreendendo em totalidade o conteúdo em si, respiram o pouco que absorveram da maçonaria.

Neste segundo caso, onde se vive o que se aprendeu, pode-se chamar de sábio, pois é aquele que interiorizou a ordem. Ou seja, existe uma diferença real entre acumular conhecimentos e vivê-los em plenitude no cotidiano.

Ao companheiro maçom já é facultada a responsabilidade de diferenciar uma de outra situação, ou seja, já é munido da base filosófica necessária a separar, no contexto maçônico, o conhecimento e a sabedoria. Neste sentido, a orientação mais saudável é para que o companheiro maçom desenvolva a capacidade de adquirir novos conhecimentos na medida em que percorre a senda maçônica, mas vivenciando e interiorizando cada etapa do processo, não de forma protocolar, mecanizada ou autômato, mas sim sentindo, experimentando, e porque não, saboreando cada fase do processo, curtindo cada etapa e entendendo que o tempo devido é necessário a construção do conhecimento, caso contrário não seria necessário o interstício mínimo e obrigatório a cada degrau da escada de Jacó.

Por fim, é preciso compreender que, neste momento, ao se abordar as diferenças entre o conhecimento e a sabedoria, está se alicerçando a abordagem tanto na teoria filosófica discutida por Platão, como na discutida por Aristóteles sobre o conceito de conhecimento. Observando-se que neste contexto Platão abordava a construção do conhecimento através da geração de ideias tendo por intermédio a *episteme*[10] em oposição à *doxa*[11]. Enquanto que Aristóteles abordava a divisão do conhecimento em três grandes categorias de acordo com a conduta do ser humano, organizadas em conhecimento teórico o qual abordava a matemática, a metafísica e a psicologia, o conhecimento prático o qual abordava a política e a ética e o conhecimento poético compreendendo a poética e a economia. Já para a sabedoria, esta é deveras mais delicada de conceituar, pois além da existência de inúmeros significados advindos das mais diferentes vertentes, existe ainda a confusão e a mescla para com a definição de conhecimento. Portanto, neste capítulo, define-se sabedoria como o conhecimento baseado na experiência acumulada ao longo da vivência individual em cada processo, a qual é enriquecida pelas experiências compartilhadas de outros na troca amistosa de casos e acasos da vida.

---

[10] **Episteme** - segundo o dicionário informal é na filosofia grega em especial no platonismo, o conhecimento verdadeiro, de natureza científica, em oposição à opinião infundada ou irrefletida.
[11] **Doxa** - segundo o dicionário informal é o sistema ou conjunto de juízos que uma sociedade elabora em um determinado momento histórico supondo tratar-se de uma verdade óbvia ou evidência natural, mas que para a filosofia não passa de crença ingênua, a ser superada para a obtenção do verdadeiro conhecimento.

10 O MAÇOM E O SIMBOLISMO NO RITO MODERNO

O ser humano, em toda sua história, tem se utilizado de símbolos no intuito de transmitir seus pensamentos, desejos, medos ou mesmo a sua forma de ver e entender o mundo a sua volta. Utilizando-se dos recursos ao seu redor, seja para construção social, de status, para instrução ou mesmo para permitir uma forte ligação entre o físico e o metafísico ou sobrenatural.

A maçonaria buscou em seus alicerces operativos os símbolos e instrumentos necessários à difusão de seus princípios, regras de conduta e normatizações de comportamento os quais são largamente estudados desde o ingresso na Ordem (enquanto aprendiz) e na posterior caminhada, seja na condição de companheiro, mestre e mesmo nos graus superiores (filosóficos). Porém, essa tratativa simbólica (enquanto ferramenta educativa) não é exclusiva da maçonaria como será discorrido no decorrer deste capítulo, tornando-se fundamental uma correta conceituação para com o termo. Portanto, busca-se alicerce no conceito defendido por Jung (2008, pg. 16) ao discorrer que:

> O que chamamos símbolo é um termo, um nome ou mesmo uma imagem que nos pode ser familiar na vida diária, embora possua conotações especiais além do seu significado evidente e convencional. Implica alguma coisa vaga, desconhecida ou oculta para nós.
>
> [...]

> Assim, uma palavra ou uma imagem é simbólica quando implica alguma coisa além do seu significado manifesto e imediato. Esta palavra ou esta imagem têm um aspecto "inconsciente" mais amplo, que nunca é precisamente definido ou de todo explicado. E nem podemos ter esperanças de defini-la ou explicá-la. Quando a mente explora um símbolo, é conduzida a idéias que estão fora do alcance da nossa razão.

Neste contexto, o simbolismo é uma ferramenta de potencial virtualmente ilimitado no que se refere a aplicações eficientes no cotidiano humano, em especial quando se tratando de aprendizado, por exemplo, ao se observar um crânio sobreposto a duas tíbias cruzadas em uma bandeira remete automaticamente aos históricos piratas, enquanto que, se colocado em um frasco, remete a veneno, se colocado em uma porta remete a perigo, entre outras variações.

Crânio com tíbias cruzadas

Fonte: Imagem pública da internet[12].

---

[12] Disponível em: <https://www.pinterest.com/clairem623/halloween-ideas/> Acesso em 18 Out. 2016.

Este símbolo poderia ser tido apenas pela sua representação explícita, ou seja, ser entendido como um crânio sobreposto a duas tíbias (ossos das pernas) cruzadas e nada mais, porém o contexto contemporâneo já impregnou esses elementos de significações que ultrapassam culturas, línguas, idades e, porque não, credos. Todas as variantes de significações sobre o símbolo (crânio com tíbias) remetem inevitavelmente a relação do objeto relacionado ao símbolo (bandeira, frasco, porta) no sentido de sua relação com a morte, ou melhor, o risco iminente da morte. Observa-se ainda as atribuições ocultistas que são atribuídas a este símbolo, dotadas de misticismo, advindas, dentre outras fontes, do paganismo, satanismo e demais variantes, ou mesmo em relação ao culto a morte de povos latinos, a exemplo das caveiras mexicanas (imagem abaixo) as quais simbolizam a proteção ao mal, o respeito aos mortos e a necessidade de se viver intensamente a vida (vista a consciência da mortalidade humana), sendo parte integrante do folclore tradicional. Observa-se, portanto, que o mesmo objeto (neste caso o Crânio) tem interpretações e conotações distintas, ao se variar o contexto em que este se apresenta.

Caveiras Mexicanas

Fonte: Imagem pública da internet[13].

Porém, ainda com relação a este símbolo (caveira) na contemporaneidade, com o aumento exponencial da conectividade e do compartilhamento de informações, esse símbolo ganha outros significados, como elemento de estilo pessoal, identidade e relação tribal urbana (gangues[14], facções, metaleiros[15], emos[16], etc.).

---

[13]   Disponível   em: <http://www.duplacarioca.com.br/2016/01/13/fantasia-de-caveira-mexicana/> Acesso em 18 Out. 2016.

[14] **Gangue**, quadrilha, bando ou associação criminosa são denominações atribuídas a um grupo de pessoas que tem, por objetivo a prática criminosa ou mesmo a busca por atividades consideradas ilegais, onde normalmente seus integrantes tem como característica o compartilhamento de

Mesmo na Ordem Maçônica, o Crânio com Tíbias tem sua significação simbólica própria, tornando-se elemento norteador do comportamento e da reflexão do maçom, com relação aos passos dados no caminho do aperfeiçoamento, conforme será observado a seguir, ao se abordar o simbolismo enquanto ferramenta educativa na ordem.

uma identidade comum.

[15] **Metaleiro** é aquele indivíduo que, sendo músico ou não, é adepto do heavy metal e se veste da maneira característica deste estilo musical.

[16] **EMO** ou Emocore é um gênero musical pertencente ao Rock tipicamente caracterizado pela musicalidade emocional, melódica e expressiva, em suas letras.

11 O SIMBOLISMO COMO FERRAMENTA EDUCATIVA

Ao companheiro maçom, já é possível compreender que a instituição maçônica adota secularmente o simbolismo como ferramenta fundamental na prática educativa, primeiro pela praticidade na incorporação simbólica através dos elementos cotidianos (demonstrou-se, através dos séculos que é mais eficiente para se guardar sigilo, buscar ensinar através de representatividades simbólicas interpretativas do que por registros claros e explícitos sobre os elementos da instituição), e em segundo, pelo motivo de que, para Jung (2008), os sentidos do ser humano (consequentemente do maçom) se limitam a percepção apenas do mundo à sua volta, ou seja, daquilo que se consegue perceber e interagir cotidianamente. Mesmo que em determinado momento, com o advento da tecnologia, possam ser superadas algumas barreiras ou limitações físicas a tecnologia não permite que sejam desbravados elementos subjetivos, ou interpretativos em profundidade, mecanizando a visão de mundo e sua inter-relação com o meio.

Jung (2008) aborda bem essa questão, ao dialogar em seu trabalho sobre a relação do homem e o meio incompreensível em que este está. Visto que:

> Não importa que instrumentos ele empregue; em um determinado momento há de chegar a um limite de evidências e de convicções que o conhecimento consciente não pode transpor (JUNG, 2008, pg. 17).

E:

> Por existirem inúmeras coisas fora do alcance da compreensão humana é que frequentemente utilizamos termos simbólicos como representação de conceitos que não podemos definir ou compreender integralmente. Esta é uma das razões por que todas as religiões empregam uma linguagem simbólica e se exprimem através de imagens (JUNG, 2008, pg. 17).

No Rito Moderno, é possível observar que o simbolismo assume papel exemplificador das significações e circunstancias do que se objetiva ensinar, ou mesmo demonstrar. Entendendo-se como construtor de uma consciência fomentadora de reflexões filosóficas, históricas e contextuais sobre cada símbolo, deixando para outros ritos e graus, a abordagem mais metafísica, ou mesmo, mística de uma simbologia. Principalmente pelo motivador advindo da história humana, em que um mesmo símbolo pode vir a sofrer metamorfoses ao longo dos séculos, variando de cada cultura, civilização, etnia ou mesmo credo a sua representatividade, não estando, entretanto, nenhuma delas erradas ou equivocadas em sua interpretação, sendo fragmentos de uma compreensão mais ampla sobre a intencionalidade inicial da qual surge esse dito elemento simbólico.

Nesse mesmo sentido e para melhor se compreender essa questão metamórfica, recorre-se a observação de um símbolo comum, porém, com grande variação quanto a sua significação simbólica, o qual possui em seu âmago a adaptabilidade e a versatilidade significativa demonstrada ao longo da história humana e sim, traduzida pela simplicidade, ou seja, o simbolismo da Cruz.

Por ser tratar de um símbolo extremamente simples (graficamente) não se sabe ao certo a sua origem, entretanto seu caráter histórico, filosófico e, porque não, místico é inegável, bem como sua importância ao longo dos séculos da história humana. Questão essa na qual se apresenta como um dos exemplares mais antigos ainda em uso, a cruz gamada - (suástica) originária da Índia e que significa literalmente "boa sorte", porém seu significado pode sofrer variação de acordo com o sentido de seu giro – horário / anti-horário (ENCICLOGRAFICA, 2016).

Este símbolo, a cruz, é tido como um símbolo universal, estando presente em inúmeras culturas, períodos e contextos históricos. Podendo-se citar as culturas fenícia, persa, etrusca, grega, escandinava, celta, africana, aborígene (australiana), chinesa, tibetana, asteca, maia, inca, romana (como instrumento de tortura largamente adotado por todo o império) entre outras. A seguir é possível observar a vasta gama de formas em que este símbolo se apresenta pelo mundo desde o seu surgimento (Observado na figura intitulada de 93 Variações Simbólicas para a Cruz), ressaltando-se que cada uma das variações possui significações próprias, sejam místicas, sociais, culturais ou mesmo filosóficas:

93 Variações Simbólicas para a Cruz.

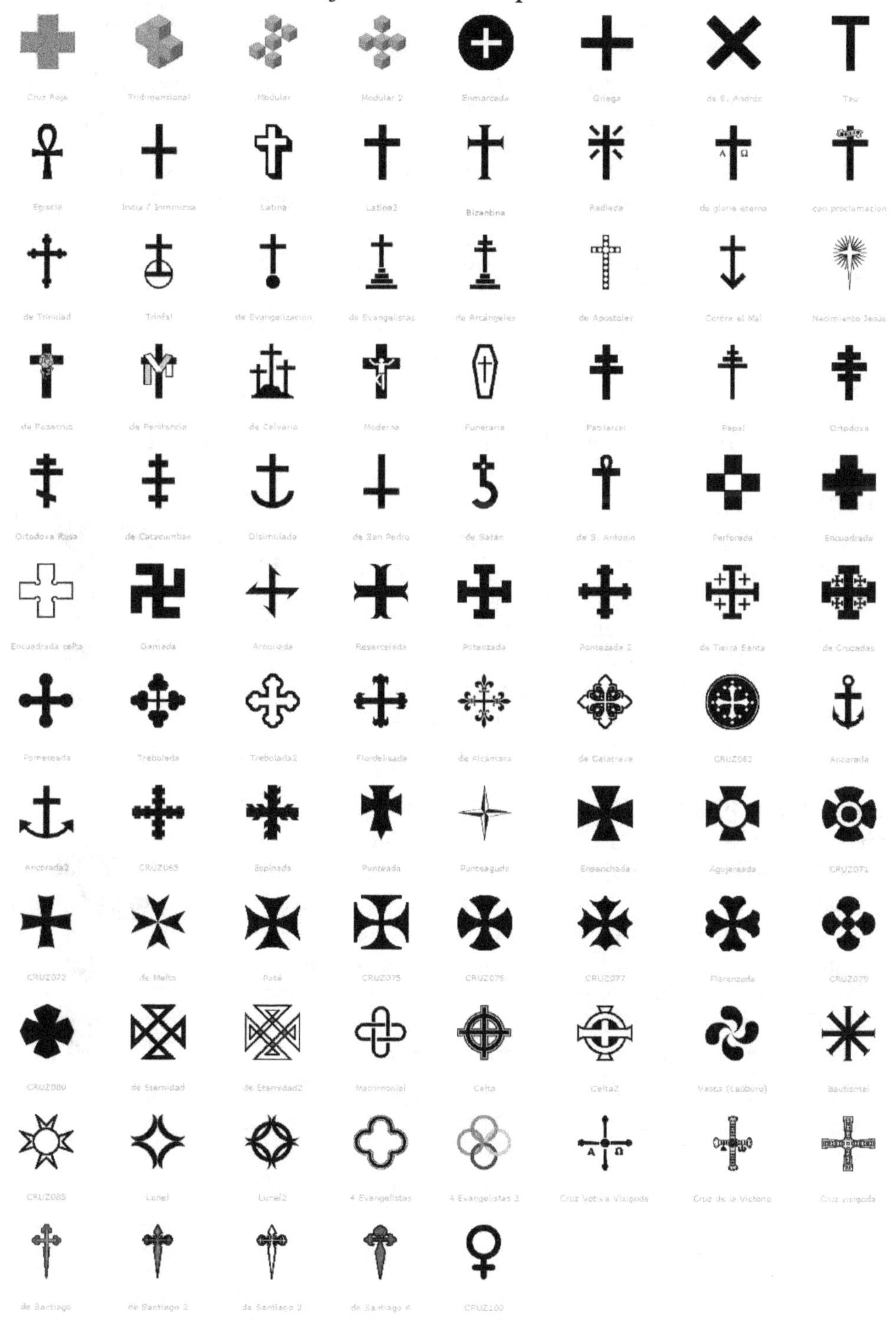

Fonte: ENCICLOGRAFICA (2016, Web)

Observa-se que a Cruz enquanto símbolo pode variar desde um simples traçado cruzado (Cruz Tau) até desenhos e contextos compostos (Cruz de Jerusalém), porém, indiferente a complexidade de sua construção gráfica, a mesma é carregada de densa significação simbólica. A ENCICLOGRÁFICA (2016, Web) apresenta ainda que:

> Mesmo que a cruz tenha um traçado muito simples está, na realidade, carregada de densa complexidade. Buscar todos os sentidos que possui é como ingressar numa caverna obscura, cheia de caminhos tortuosos e emaranhados, que se entrecruzam. Seu significado flutua em três níveis: místico, filosófico e sociológico.

Observa-se no quadro a seguir, alguns exemplos de significação simbólica das cruzes mais conhecidas no contexto maçônico e profano:

Quadro: Exemplos de Cruzes e seus respectivos significados.

CRUZ TAU: Chamada Tau por sua aparência com a letra grega de mesmo nome. Trata-se da mais simples de todas as cruzes. Tradicionalmente ela representa o sinal de sangue do cordeiro, usado pelos israelitas sobre as portas na noite de Páscoa, antes da saída do Egito. Ela também representa o bastão que Moisés converteu em serpente no deserto. Desta forma ela é a cruz da profecia, ou a cruz do Antigo Testamento, sendo que pode ser chamada também de cruz egípcia pelas raízes de sua história.

CRUZ ORTODOXA (ESLAVA OU CRUZ DE PÁSCOA): Esta forma de cruz foi primeiramente usada nas Igrejas dos países eslavos. O braço superior representa a inscrição abreviada "INRI", que Pilatos colocou sobre a cabeça de Jesus. O significado do braço inclinado inferior é dúbio. Sendo que uma das tradições diz que um terremoto veio durante a crucificação causando a inclinação deste braço. Observa-se que o Cristianismo foi introduzido nos países eslavos por Santo André e, por isso, também a parte inferior desta cruz lembra a cruz de Santo André em forma da letra X.

CRUZ GAMADA (SUÁSTICA OU ESVÁSTICA): tanto em inglês como em alemão, a palavra "esvástica" deriva do sâscrito: svatikah e significa boa sorte, afortunado. Na Índia, esta palavra é associada a coisas favoráveis - porque significa "favorável", contudo lá, o giro das esvásticas em sentido horário ou anti-horário tem diferentes significados. Esta cruz em particular, devido a sua simplicidade, tem sido utilizada quase sempre de modo independente por muitas sociedades humanas, onde, em seus exemplares mais antigos foram encontrados em uma cova paleolítica há cerca de 10 mil anos. As tribos germânicas a conheciam como a "Cruz de Thor", e é curioso que os nazistas não usaram esse mesmo termo que se relaciona com a história alemã, em vez disso, preferiram adotar a significação hindu para o símbolo (nota-se que a inversão gráfica do símbolo em seu uso no III Reich foi proposital). Observa-se que este símbolo foi introduzido na Inglaterra pelos povos escandinavos de Lincolnshire e Yorkshire, muito antes de Hitler. Este símbolo também é encontrado nos templos judeus da Palestina, construídos há mais de 2 mil anos.

Original

Versão Nazista

CRUZ DE JERUSALÉM OU DAS CRUZADAS: Este conjunto de cruzes é composto por uma cruz central formada por quatro cruzes "tau" que representam a lei do Antigo Testamento. As quatro pequenas cruzes gregas representam o cumprimento desta lei no evangelho de Jesus Cristo. Outros veem neste conjunto, um símbolo da obra missionária da igreja - expandindo o evangelho para os quatros cantos da terra. Ainda há outros que entendem que estas cinco cruzes representam as cinco feridas de Jesus na cruz (mãos, pés e o lado). Este modelo de cruz foi usado pelo rei Godofredo de Bulhão, o primeiro rei cristão em Jerusalém. Esta cruz foi incorporada nas campanhas das cruzadas.

Fonte: Adaptado do original: ENCICLOGRÁFICA (2016, Web)

Trata-se de um símbolo que, nitidamente tem conotação mística, não apenas pela cristandade, mas por toda imersão cultural a que se destina, indo desde os antigos egípcios e indianos até nazistas e cristãos modernos. Essa tratativa pode ser melhor compreendida ao se buscar o viés místico no qual muitos símbolos (para não se dizer que quase todos, mesmo que em maior ou menor intensidade) estão relacionados.

12 O SIMBOLISMO E SUA ABORDAGEM PELO VIÉS MÍSTICO

Ao se construir uma posição mística no simbolismo, é necessário trilhar um comparativo inicial de base que vai desde elementos contidos nas Lendas Arturianas como a Excalibur[17] (a qual garante o direito divino ao trono britânico para aquele que a empunhar), ou presentes na obsessão de tiranos fanáticos pelo oculto representado pela Lança de Longino[18] (que garantiria a vitória ao seu possuidor), até o Anel do Selo de Salomão[19] (que confere o poder de selar demônios ao seu conjurador) é possível observar que inúmeros objetos, sejam por sua concepção, por seu contexto histórico ou mesmo em relação ao seu portador, estão impregnados de simbolismo místico, o qual normalmente atribui conotação mágica ou mesmo divina ao seu portador. Esta forma de adoção simbólica não se limita ao exemplificado, estando presentes em todas as culturas, tanto ocidentais como orientais, nos mais variados objetos e aplicações.

---

[17] Elemento Simbólico Místico nas histórias do Ciclo Arturiano da Matéria da Bretanha, sendo a espada encravada na pedra que conferia a quem a empunhasse o direito divino de governar, na lenda sacada por Arthur Pendragon.

[18] Elemento Simbólico Místico mencionado nos textos bíblicos no Evangelho de João (João 19:31-36) a qual seria banhada com o sangue de Jesus Cristo, mesmo não havendo conotação mística no texto, reza a lenda que essa lança garantia a vitória nas batalhas ao seu portador, segundo o folclore pós-guerra, era objeto de desejo pessoal de Adolf Hitler.

[19] Trata-se do anel de sinete atribuído ao rei Salomão na tradição judaica medieval a qual diz que o anel deu a Salomão o poder de comandar os demônios, gênios e falar a linguagem dos animais. Por conta da mítica sabedoria de Salomão este anel de sinete é visto como um amuleto impregnado de magia , ocultismo e alquimia .

Pode-se observar que nesse aspecto incluem-se, como já visto nas armas (lança, espada, machado, martelo, punhal) e em adornos pessoais (anel, colar, medalhão), bem como armaduras (ou partes delas), livros (grimórios), cetros, utensílios domésticos (caldeirão, vassoura), elmos, posicionamentos geográficos (terrenos específicos os quais podem ter atribuições místicas), pontos cardeais (N-S / L-O), construções (monumentos) e edificações (residências, castelos), pergaminhos, pedras (Filosofal), líquidos e até mesmo terra (santa ou de cemitério) e por fim as ferramentas de um pedreiro.

Portanto, não é difícil encontrar na maçonaria a adoção de símbolos com teor místico, seja nos rituais, seja nos ornamentos, nas ferramentas ou mesmo nos paramentos de um maçom. Como a instituição alimenta-se em culturas antigas para construir seus alicerces filosóficos e nas guildas operativas quanto a sua estruturação e didática laborativa, ocorre frequentemente a transposição de significações entre símbolos distintos. É da natureza humana buscar respostas, bem como relações entre os temas de seus interesses.

> Da mais rudimentar expressão religiosa, como a dos povos africanos primitivos, dos indígenas e do baixo espiritismo, as ações religiosas constituem ações Místicas (CAMINO, 2010, pg. 277).

Assim, para melhor se compreender a relação entre o simbolismo e o misticismo, o qual impregna a inúmeras instituições pelo mundo, incluindo a própria ordem maçônica em determinados graus, ritos e potências, torna-se imprescindível se limpar os pré-conceitos sobre o significado da palavra místico, que no presente capítulo, será definido pelo dicionário informal como sendo aquele tema ou assunto referente aos mistérios, às cerimônias religiosas secretas, ou seja, que não se dá segundo as leis naturais ou físicas; sobrenatural, espiritual. Camino (2010) define ainda o místico como sendo aquilo que se separa o ser humano dos grilhões do materialismo com vias a fortalecer a espiritualidade (considerando a passagem pela iniciação maçônica um ato de misticismo sadio e puro).

O uso de símbolos traduz-se perfeitamente na forma de ferramentas viabilizadoras do misticismo. E nesse direcionamento:

> O Misticismo compreende aspectos diversos; pode-se traduzir como o comportamento condutor a uma revelação dos Mistérios. Para ingressar nesse campo, existem vários caminhos, como o da Meditação, do Êxtase, do Sonambulismo etc. (CAMINO, 2010, pg. 277).

Sendo que:

> O Misticismo maçônico é de certo modo um Misticismo Racional, que conduz o pensamento a páramos elevado, colhendo-se resultados visíveis e satisfatórios (CAMINO, 2010, pg. 277).

Portanto, místico é aquele tema que se refere ao inexplicável, ou ao explicável pela fé daqueles que administram uma possibilidade além da simples razão. Sendo que o simbólico se traduziria pela mística no processo de aprendizado, ou seja:

> É a arte de penetrar no Mistério. O ato de penetrar no Universo de Dentro, no Microcosmo Espiritual, diz-se Mística. A Maçonaria é uma Instituição Mística (CAMINO, 2010, pg. 277).

E nesse sentido, ao se percorrer os caminhos da filosofia não se pode deixar de lado "o Misticismo Filosófico ou mística superior é a prática exercitada pelas pessoas ocultas" (CAMINO, 2010, pg. 277) nas quais os membros da Ordem Maçônica, enquanto instituição iniciática, se enquadram.

De maneira complementar, a maçonaria está composta, além de símbolos e elementos antigos, de elementos simbólicos cívicos, os quais serão melhores descritos em sua essência a seguir.

13 O PAPEL CÍVICO DOS SÍMBOLOS

O simbolismo auxilia diretamente na concepção de identidade, tanto para o povo (enquanto nação) como para o indivíduo (isoladamente ou segmento em grupos distintos). A partir desse contexto, o melhor exemplo para definição simbólica de identidade nacional pode ser encontrado no Brasão de Armas do Brasil (Armas Nacionais), o qual compõe, juntamente com o Pavilhão Nacional, o Hino e o Selo o conjunto de autoridades máximas nacionais, traduzindo a soberania cultural, territorial e cívica da nação Brasil.

Brasão de Armas do Brasil

Fonte: Decreto Nº 1.476 de 17 de maio de 2016

Deve-se lembrar de que, o Brasão de Armas do Brasil não é apenas um símbolo, mas sim, uma das maiores autoridades nacionais, seja no âmbito maçônico ou profano que, junto com o Selo, o Hino e o Pavilhão Nacional compõem os símbolos nacionais (ou símbolos pátrios), definições essas ancoradas na Lei N° 5.700 de 1 de setembro de 1971, que dispõe sobre a forma e a apresentação dos Símbolos Nacionais (BRASIL, 1971) a saber: "CAPÍTULO I - Disposição Preliminar - Art. 1° São Símbolos Nacionais: I - a Bandeira Nacional; II - o Hino Nacional; III - as Armas Nacionais; e IV - o Selo Nacional".

A simbologia (enquanto ciência que estuda o simbolismo) entende que um símbolo nacional, conforme demonstrou o decreto citado, não pode assumir outra forma que não seja a sua representação oficial, vista a representatividade que este possui. Outro exemplo que traduz a soberania nacional e que, deveria por contexto, traduzir o sentimento de patriotismo, orgulho e nacionalismo no povo brasileiro, está representado pelos brasões de armas das forças armadas brasileiras.

Forças Armadas Brasileiras – Exército, Marinha e Aeronáutica

Ministério de Defesa do Brasil

Esta simbologia pode ser adotada simbolicamente para criar o vínculo necessário entre comunidade e instituição, quando esta representa seus anseios e necessidades, ou quando está se lidando diretamente com uma campanha direcionada as carências humanas, a exemplo da Rede Feminina de Combate ao Câncer.

Logo Outubro Rosa

Fonte: Rede Feminina de Combate ao Câncer

Observa-se, através do logo de sua principal ação anual, o outubro rosa. Este símbolo traduz a união direta entre comunidade feminina, saúde pública e bem-estar social. Sendo um trabalho exemplar e que ao mesmo tempo necessita muito apoio para existir.

Outra aplicabilidade cívica para o simbolismo está presente na construção de Heráldicas, as quais normalmente eram utilizadas para o enaltecimento e prestígio familiar, que com o tempo, passaram a constituir os elementos que identificam mais do que apenas simples territórios (municípios, estados, governos, repartições, etc.).

Brasão Família Medeiros

Fonte: Origem dos nomes[20]

Nota-se que a heráldica se refere tanto à ciência como à arte de descrever e confeccionar brasões de armas e escudos. Essa prática (heráldica) remonta aos tempos em que era imperativo e necessário distinguir, tanto a família como os indivíduos, independente se estes estavam participando de batalhas e ou de simples torneios, normalmente desenvolvendo o simbolismo de três formas, primeiro o registro de significação simbólica, depois o escudo real (o qual era ornado) e em terceiro o estandarte familiar.

[20] Disponível em <http://www.origemdosobrenome.com/familia-medeiros/> Acesso em 21 Out. 2016.

14 A CONOTAÇÃO CONTEMPORÂNEA SOBRE SÍMBOLOS

A simbologia está presente na contemporaneidade de tantas formas que chega a passar despercebida, o maçom está imerso em simbolismo de tal forma, que aquilo que deveria ser tido como sagrado, não mais é respeitado, pois está tão banalizado que passou a ser tido como corriqueiro. Tanto que, em situações mais extremas, torna-se alvo de sátiras e piadas que, somente são percebidas mediante as consequências das retaliações impostas por minorias que tentam defender, de forma errada, mas tentam defender sua tradição, sua cultura e também sua Fé (a qual será abordada com maior profundidade a seguir).

Um forte exemplo dessa adoção simbólica contemporânea e sim, desrespeitosa naquilo que para outros é tido como sagrado foi observada pelas satíricas publicações feitas pela revista francesa Charlie Hebdo (Paris) como pode ser observado a seguir e que se desenrolaram no ataque retaliador sofrido pelo mesmo em 07 de janeiro de 2015 e que culminou em 12 mortos e 11 feridos.

Em respeito ao que é sagrado, observa-se que a Ordem Maçônica considera essa forma de desrespeito praticada pela referida revista, bem como a retaliação a ela atribuída pelo grupo radical muçulmano como sendo atos espúrios, condenáveis e totalmente repulsivos. É injustificável o uso extremo da força, assim como é injustificável a banalização do que ao próximo é tido como sacro.

Capas satíricas da Revista Charlie Hebdo (Paris)

Fonte: Site oficial: https://charliehebdo.fr/

Por outro lado, encontram-se também, aqueles que buscam, através do simbolismo, mais precisamente da arte simbólica, instruir e construir uma relação respeitosa para com os elementos sagrados, sem deixar de tratar com ironia e humor a questão (de uma forma diferente da anterior demonstrada pela revista Charlie Hebdo), conforme pode ser observado nas imagens abaixo que tratam da religiosidade e da diversidade religiosa na história humana. Onde, tanto na primeira como na segunda tirinha cômica, as respectivas religiões do mundo antigo são apresentadas em igualdade, uma para a humanização do ícone simbólico e a outra para a divinização dos credos humanos.

Coisa Séria - 1161

Fonte: Ruas[21] (2016, Web).

A figura anterior claramente demonstra tanto o fascínio para com outras culturas (Nórdica, Egípcia, Grega e Hindu) tidas como mitológicas, mas que também são religiões do mundo antigo, como a postura sectária (neste caso do Cristão), frente aos demais credos. Ou seja, a verdade do outro é falsa frente a sua.

---

[21] O autor da imagem, Carlos Ruas, é designer da cidade de Niterói – RJ e criador do Blog "Um Sábado Qualquer (2009)" onde a partir da irreverência e do bom humor, trata de assuntos polêmicos como religião e política.

Enquanto que na tira a seguir, observa-se um diálogo entre Thor (filho do Deus Soberano da Cultura Nórdica – Odin), Heracles (Hércules no ocidente, filho do Deus Soberano da Cultura Grega – Zeus) e Jesus (Filho do Deus Soberano na Cultura Judaico-Cristã), no qual se comparam as graças herdadas de seu sangue divino (Armas Mágicas, Força e Transmutação de Elementos), novamente de maneira respeitosa e não pejorativa permitindo a reflexão e o conhecimento de outras culturas (objetivo do autor Carlos Ruas é propagar o respeito e a tolerância religiosa de forma divertida, mas não desrespeitosa).

Presentes - 1337

Fonte: Ruas[21] (2016, Web).

Porém, não apenas de exemplos esdrúxulos, cômicos ou sacros é composto o simbolismo contemporâneo. O mesmo está presente em logomarcas, siglas, produtos, contextos e inúmeras situações as quais dariam outro livro apenas contendo exemplos, como em relação ao seu uso positivo e benéfico ou mesmo em seu uso sacrílico, nocivo e de manipulação de massa.

Neste caso simbolizado pelo Olho que tudo vê, ícone da simbologia popular e é vulgarmente utilizado para identificar no contexto profano a ordem Illuminati:

O Olho que tudo vê

Fonte: Significados.com.br

Há ainda a utilização simbólica para facilidade de acesso aos recursos básicos que a modernidade dispõe ao homem, como por exemplo, na aplicação da ergonomia no desenvolvimento de sistemas e aplicações para o ambiente virtual a qual já construiu para si, todo um simbolismo próprio, como o uso de comandos padronizados para salvar, imprimir, reproduzir entre outros.

**Ícones padrão no desenvolvimento de sistemas informatizados
(Salvar – Novo Documento – Ligação Telefônica – Imprimir)**

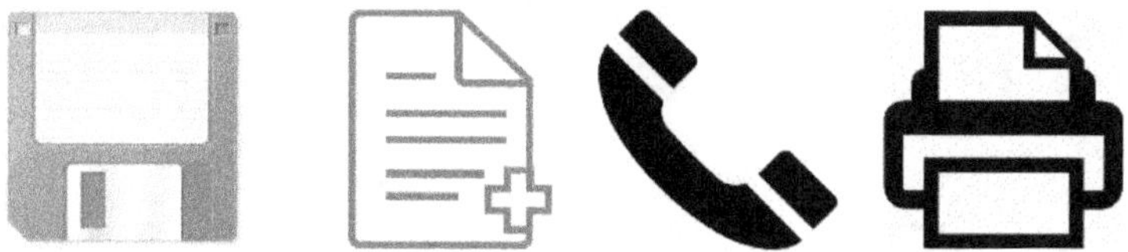

Fonte: Imagens Públicas da Internet

Não se objetiva adentrar na interpretação do que significa individualmente ou mesmo para a sociedade, a complexa imersão simbólica a que está sujeita a humanidade, mas solicita-se que ao menos uma reflexão seja feita, a reflexão do respeito a Fé do próximo, o que ao maçom do Rito Moderno deve ser entendido como obrigação.

15 A INFLUÊNCIA DA FÉ NA INTERPRETAÇÃO SIMBÓLICA

Para que um símbolo adquira significação, mais do que um simples contexto ou relação direta se faz necessário. É preciso dispor de um conceito pouco compreendido pelos jovens na contemporaneidade, o conceito da Fé. Popularmente define-se como fé, o ato de acreditar, mas o que realmente significa acreditar enquanto ato de fé? Na Bíblia Cristã Católica, tanto em Mateus (17.20) como em Lucas (17.6) são apresentados os seguintes comparativos potenciais da fé:

> Respondeu-lhe o Senhor: Se tiverdes fé como um grão de mostarda, direis a esta amoreira: Arranca-te e transplanta-te no mar; e ela vos obedecerá (Lc 17.6).
>
> [...]
>
> Pois em verdade vos digo que, se tiverdes fé como um grão de mostarda, direis a este monte: Passa daqui para acolá, e ele passará. Nada vos será impossível (Mt 17.20).

Não que a fé atribua propriedades místicas a um elemento simbólico, mas é através dela que simples agrupamentos simbólicos tornam-se sagrados, como por exemplo, os livros das leis sagradas, os quais seriam considerados primeiramente livros como outros quaisquer, se não fosse à fé no conteúdo de suas escritas, na representação de seus ensinamentos, no contexto histórico de sua concepção e no teor daquilo que o compõe.

Nesse exemplo (livro da lei) não se é possível destacar nenhum em particular mais legítimo ou mais verdadeiro (sendo essa uma das grandes virtudes do Rito Moderno), visto que, a lei moral é facultativa, ou sagrada, a aquele que nela crê, assim, esse símbolo ganha corpo e circunstância, tanto na ordem maçônica, como no mundo profano, mas, apenas na maçonaria ultimamente, está sendo possível através da Tolerância, do Respeito Mútuo e da Liberdade Absoluta de Consciência a incorporação simbólica do amor e do respeito pela Fé, não apenas a própria, mas a do próximo.

Em muito se entende que para aquele que não possui fé, nenhuma prova lhe basta para comprovar os acontecimentos da vida enquanto, para aquele que a possui, nenhuma prova lhe é necessária, pois confia plenamente naquilo em que acredita. Para tanto, o simbolismo encontra-se como tradutor daquilo que se desenrola (fatos, acontecimentos, percepções, etc.) sendo o meio pelo qual mistérios e ensinamentos arcanos são transmitidos, reproduzidos e perpetuados.

Esse contexto, de crença indiscutível e dogmática sobre aquilo que é apresentado como sendo a verdade (não se tratando aqui da verdade revelada em seu contexto teológico) é deveras perigosa ao maçom, a ordem e a própria sociedade, pois torna o indivíduo suscetível ao controle de terceiros por meio de efeitos psicológicos da conotação simbólica traduzidos pelo placebo o qual se discorrerá mais adequadamente a seguir.

16 O EFEITO PLACEBO NA CONOTAÇÃO SIMBÓLICA

Ao se fazer uso de símbolos, principalmente nas ordens místicas, ou mesmo instituições religiosas e afins, é comum se observar a ocorrência do já conhecido efeito placebo[22], não apenas nos membros internos, como em indivíduos externos a instituição, os quais acreditam piamente no trabalho de terceiros e sofrem diretamente as suas consequências (trabalhos de macumba, mau olhado, bruxarias, etc.).

Observa-se, entretanto, que não está se discutindo a existência ou não de ocorrências comprovadamente estudadas da ação mística, metafísica ou miraculosa[23] (fé) para com elementos religiosos, sacros e/ou divinos, mas sim, a interpretação extrapolada daquilo que é filosófico, sendo este frequentemente convertido em teológico pela ação direta do ser humano.

---

[22] **Efeito placebo** é o efeito mensurável ou observável sobre uma pessoa ou grupo, ao qual tenha sido dado um tratamento falso como fator de controle em pesquisas para comprovação da eficácia de novos fármacos, porém ocorrendo a ação anunciada ao se ministrar esse controle. Esse efeito provocado pelo placebo não deveria ocorrer, pois não deriva diretamente da ação farmacológica de um dado medicamento, sendo considerado um efeito derivado da ação mental.

[23] **Milagre** (do latim miraculum significa "maravilhar-se"), trata-se é um acontecimento dito extraordinário que, à luz dos sentidos humanos e dos conhecimentos científicos até então disponíveis, não possuí explicação científica conhecida, sugerindo-se uma violação das leis naturais que regem os fenômenos ordinários do universo conhecido.

> Além disso, há aspectos inconscientes na nossa percepção da realidade. O primeiro deles é o fato de que, mesmo quando os nossos sentidos reagem a fenômenos reais, a sensações visuais e auditivas, tudo isto, de certo modo, é transposto da esfera da realidade para a da mente. Além disso, há aspectos inconscientes na nossa percepção da realidade. O primeiro deles é o fato de que, mesmo quando os nossos sentidos reagem a fenômenos reais, a sensações visuais e auditivas, tudo isto, de certo modo, é transposto da esfera da realidade para a da mente (JUNG, 2008, pg. 19).

Ao se esclarecer que em respeito às crenças individuais de cada maçom, direito esse inalienável de todo membro da instituição, não se discutirá o sagrado com relação ao simbolismo, ou seu significado atribuído dentro da ordem. Apenas está se elucidando que o uso dos elementos simbólicos maçônicos e profanos costuma acarretar em vivências pessoais (conscientes ou não) as quais em primeiro lugar, não podem ser comprovados pelo método científico e em segundo, extrapolam a filosofia adentrando através do efeito placebo nos campos férteis da psicologia.

> Há, ainda, certos acontecimentos de que não tomamos consciência. Permanecem, por assim dizer, abaixo do limiar da consciência. Aconteceram, mas foram absorvidos subliminarmente, sem nosso conhecimento consciente. Só podemos percebê-los nalgum momento de intuição ou por um processo de intensa reflexão que nos leve à subsequente realização de que devem ter acontecido (JUNG, 2008, pg. 19).

E é nesse campo, do subconsciente humano, que inúmeros profanos de avental (termo referente ao indivíduo que está maçom e não o é intimamente), têm se aproveitado para influenciar a sociedade, tornando assim os indivíduos que os seguem inconscientemente em massas de manobra, seja no aspecto social, cultural, público ou político. E não é incomum, a necessidade daqueles influenciados pelo oportunista, que tenham alguém dirigindo suas vontades, visto que, dentre outras prováveis motivações, encontra-se a necessidade de não assumir a responsabilidade por suas próprias ações e pensamentos, é mais cômodo ter outro no controle, bem como é mais cômodo ter um grande vilão universal responsável pelas mazelas e intempéries da humanidade.

> Há motivos históricos para esta resistência à idéia de que existe uma parte desconhecida na psique humana. A consciência é uma aquisição muito recente da natureza e ainda está num estágio "experimental". É frágil, sujeita a ameaças de perigos específicos e facilmente danificável (JUNG, 2008, pg. 20).

Na própria sociedade profana, não é incomum encontrar nas falácias sobre a Maçonaria, que a Ordem busca através do místico e do fantástico, as compactuações demoníacas que garantirão aos maçons, poderes sobre a sociedade e seus membros, garantindo misticamente a fortuna, a posição social e o sucesso. Em muitos discursos é notória a comparação de que, se o indivíduo não esforça-se o suficiente, ou esforça-se menos que o seu vizinho, resultando em um simplório e momentâneo fracasso, esse não é sua culpa ou responsabilidade, é que outros trabalharam para que ele não atingisse os louros de seus resultados (por vezes utilizando elementos de ocultismo como a bruxaria e outras práticas).

Aos fracos de espírito, invejosos e profanadores do potencial humano é notória a negação de sua responsabilidade pelo fracasso e incapacidade de reconhecer no próximo, o devido mérito em seu sucesso.

Observa-se que não é incomum a adoção de símbolos com significações extraordinárias no cotidiano humano, os quais atribuem-se feitos e efeitos místicos, divinos e também fantasiosos. Novamente não está em discussão o sagrado para quem o crê, mas sim a adoção consciente do simbólico e sua crença no sobrenatural. Por exemplo, a atribuição de propriedades mágicas a instrumentos do cotidiano profissional profano (indiferente se este é secular ou moderno). Onde se utilizado no labor do ofício tem propriedades físicas e mecânicas, mas após o horário comercial de trabalho (das 08:00 as 18:00 horas) torna-se misticamente impregnado de propriedades divinas.

Ao companheiro maçom já é tempo de compreender que, o uso de representações simbólicas na prática educativa é uma tradição maçônica, porém, os símbolos contam histórias, remetem significados, ensinam e criam vínculos afetivos para aqueles que os utilizam, mas ainda não é comprovado que a estes possam ser atribuídos os elementos místicos que muitos acreditam possuir, sendo esse um campo destinado diretamente a fé, ou a ação do Grande Arquiteto do Universo que é Deus (e está presente no credo religioso individual de cada maçom).

16.1 CONSIDERAÇÕES E REFLEXÕES

O companheiro maçom no Rito Moderno deve entender que Liberdade Absoluta de Consciência, tolerância e respeito mútuo são as bases sob as quais a Maçonaria é concebida e em especial no que define o Rito Moderno isso se torna a essência na qual o maçom é forjado.

O simbolismo aqui é fundamental para se compreender o significado da união verdadeira, a exemplo da escada de Jacó, a qual todos terão que subir para se desenvolver. Ou a reflexão Taoista presente no pavimento de nossos templos, o qual é mosaico por sua natureza.

Entende-se que o simbolismo tem papel fundamental para a interpretação dos ensinamentos da instituição, pois torna lúdico o que é deveras difícil no início da caminhada de cada indivíduo na senda maçônica. Onde aos poucos, à medida que se sobem os graus, ampliam-se significados e representações, as quais se transformam através da tolerância, na argamassa da diversidade (cultural, simbólica e filosófica) necessária a todos os maçons esparsos sobre a face da terra.

Rememora-se, entretanto, que o respeito mútuo aqui citado é entre maçom, enquanto indivíduo e maçom e seu próximo (maçom ou não). Essa determinante envolve conceitualmente um respeito às crenças, culturas e tradições desse próximo e não apenas uma exigência aos seus próprios valores.

A liberdade é uma via de mão dupla, na qual se trafega utilizando o respeito como veículo e a tolerância como combustível.

17 PONDERAÇÕES SOBRE POTÊNCIAS MAÇÔNICAS

Soberania Nacional, se a maçonaria não respeitasse esse termo, não seria maçonaria, diferente de combater a tirania e a ditadura (muitas atribuídas ao pensamento humano), respeitar a soberania de uma nação é ponto fundamental para que a Ordem passe a ser também respeitada. E, da mesma forma que não existem dois governos legítimos regendo um território, não pode haver duas Potências Maçônicas responsáveis, regulares, soberanas, legítimas e reconhecidas internacionalmente por país.

Nesta questão, parte-se o capítulo do apresentado por Galeano (2007, pg. 6), o qual resgata no tratado de convênio e aliança entre o Grande Oriente do Brasil – GOB e *The United Grand Lodge of England* – UGLE (Grande Loja Unida da Inglaterra - GLUI), seu Artigo II, que define:

> Artigo II – "THE UNITED GRAND LODGE OF ENGLAND", pelo presente, reconhece no GRANDE ORIENTE DO BRASIL a única Potência Maçônica Nacional regularmente estabelecida no Brasil, e só reconhecerá como Maçons Brasileiros aqueles que possuírem um Certificado ou Diploma expedido pelo referido GRANDE ORIENTE.

A partir do exposto e entendendo que o referido reconhecimento internacional vem agrupado não apenas de benefícios, mas principalmente de compromissos (afinal direitos não existem sem deveres), pode-se tratar aqui, de um elucidar sobre paixões e opiniões acerca do tema Reconhecimento e Soberania.

Porém, é necessário construir algumas bases antes de se discorrer sobre essa questão, assim inicialmente é preciso buscar entender o que é uma potência maçônica, sua importância e abrangência. Para tanto, observa-se como definição de Potência Maçônica o conceito adotado pelo Grande Oriente do Brasil – GOB, o qual discorre que uma Potência Maçônica é um agrupamento de lojas sob o signo de um poder central que as representa, delimitando procedimentos e regras para sua uniformidade e regularidade. Observa-se o descrito por Camino (2010):

> A Maçonaria Universal possui múltiplos Ritos e governos, abalando assim a unidade, porque surgem as rivalidades e paixões. No Brasil já existem vários "agrupamentos", alguns reconhecidos pelas Potências Internacionais, outros não. A esses últimos chama-se Maçonaria Irregular ou Espúria. No Brasil são reconhecidos como regulares apenas duas Potências: o Grande Oriente do Brasil, que é o mais antigo e as Grandes Lojas Simbólicas. Cada um desses "corpos", regulares ou não, denomina-se "Potência Maçônica". Cada Potência é soberana, autônoma e independente. (CAMINO, 2010, pg. 316)

Através da Grande Loja Unida da Inglaterra - GLUI é possível se consultar a regularidade de uma potência maçônica, bem como das oficinas que estão sob sua responsabilidade, utilizando-se para isso da publicação anual do *List of The Lodges*[24]. Este documento é atualizado periodicamente (anual) e é editado pelas Grandes Lojas Americanas – GLA em Parceria com a GLUI, contendo ali listadas todas as potências regulares e legítimas no mundo (com o devido tratado de reconhecimento mútuo com a GLUI ou com as GLA).

Ao maçom é necessário rememorar que existem obrigações norteadas pelo bom senso, que versam sobre a ajuda devida a todo maçom em necessidade, desde que respeitadas as capacidades individuais e situacionais de cada maçom, indiferente a Grau, Oficina, Rito ou mesmo Potência (MEDEIROS, 2018). E nesse direcionamento observa-se, entretanto, que se a Potência está ou não na relação do *List of The Lodges* não significa necessariamente que esta não tenha tratado de reconhecimento com o GOB, sendo que a regularidade (ou não) de uma potência maçônica pode ser alterada no decorrer do ano vigente, ou mesmo, ser influenciada por tratativas que excedem em autoridade a Potência Nacional, portanto é orientação geral que se consulte a Secretaria Geral de Relações Exteriores em caso de dúvidas.

---

[24] O **List of The Lodges** pode ser consultado online diretamente no link http://www.ugle.org.uk/about/foreign-grand-lodges o qual acessa o site d Grande Loja Unida da Inglaterra.

Deve-se lembrar de que ao se abordar a regularidade e o reconhecimento de uma potência maçônica, o que está sendo verificada é uma questão protocolar, burocrática, política e de atendimento a requisitos estipulados em nível de gestão maçônica. Não se está discutindo a qualidade na formação, nem o nível intelectual ou filosófico de seus membros, visto que, a lapidação da pedra para uso no templo interior é facultada a cada indivíduo, o qual possui um conjunto de capacidades e competências próprias que o definem como membro da sociedade (útil ou não).

17.1 CONTEXTUALIZANDO HISTORICAMENTE

A autoridade conferida a GLUI – Grande Loja Unida da Inglaterra para reconhecer ou estabelecer regras de reconhecimento internacional a essa ou aquela potência não surge ao acaso, sendo o resultado de uma tradição histórica que pode ser observada no surgimento da tida maçonaria enquanto especulativa no ano de 1717 a partir da fusão das quatro lojas de Londres, sendo que em 1723 aprovam sua Carta Magna (elaborada por Anderson), primeiro e único documento que historicamente comprova a origem operativa da franco-maçonaria especulativa.

Em 1794, motivados pelas consequências advindas da divergência, aderem ao conceito de uniformidade e centralização administrativa e instituem a união entre a então Grande Loja de Londres, tida como Grande Loja dos Modernos e a conhecida Grande Loja dos Maçons Antigos, dando origem ao então poder central conhecido por Grande Loja Unida da Inglaterra – GLUI em 1813.

A partir de então, é consenso internacional, que a Grande Loja Unida da Inglaterra – GLUI, um dos primeiros agrupamentos ordenados de maçons especulativos, tidos como descendentes diretos dos operativos, conforme relato documental e que se apresenta na forma de Poder Central, torna-se regulador da Maçonaria em Âmbito Internacional, conferindo reconhecimento, regularidade e legitimidade as oficinas e potências espalhadas pelo mundo.

Para melhor compreender essa questão, deve-se observar a concepção histórica do próprio termo Grande Loja, o qual surgiu na Alemanha durante o período conhecido como Idade Média, devido às necessidades percebidas de agrupamentos de trabalhadores sob o signo de um Poder Central (*Haupthütten* – Loja Principal), o qual atribuiria uniformidade e regularidade as já conhecidas confrarias (*Hütten* em Alemão).

Camino (2010) reforça que com o passar do tempo e o desenvolvimento territorial dos talhadores (chamados de *Steinmetzen*), percebe-se que um poder centralizado não atenderia a necessidade, sendo em seguida criados mais cinco respectivamente nas cidades de Colônia, Estrasburgo, Viena, Zurique e Magdeburgo (divididos entre países diversos na contemporaneidade).

Atualmente a maçonaria encontra-se novamente em divisão, sendo de um lado as tidas Potências Regulares (Reconhecidas Internacionalmente pela GLUI), as Potências Regulares (Não reconhecidas internacionalmente) e as Potências Irregulares (ou espúrias e, portanto, sem reconhecimento).

17.2 REGULARIDADE X RECONHECIMENTO

Contextualizada a autoridade para emissão da almejada regularidade, vale ressaltar que a mesma não significa que a potência tenha reconhecimento, são condições distintas, ou seja, ser regular é estar em dia com os preceitos que definem uma potência maçônica, enquanto que ser reconhecido é ter o aval internacional, respondendo pela soberania nacional no território em que estiver. Para tanto, a regularidade é a condição inicial para que haja reconhecimento, sendo essa a primeira providência a ser tomada. Assim, no ano de 1929, a Grande Loja Unida da Inglaterra – GLUI institui protocolarmente os preceitos que determinam se uma instituição ou organismo pode (ou não) ser tido como maçônico. Assim, os Princípios Fundamentais que garantem o Reconhecimento de Obediências Maçônicas ao redor do mundo estão apresentados em 08 pontos centrais, a saber:

> 1 – A Regularidade de origem: uma Grande Loja/Grande Oriente deverá ser regularmente fundada por uma Grande Loja devidamente reconhecida, ou por pelo menos três Lojas regularmente constituídas; (GALDEANO, 2007, pg. 2)

Esta questão é notória (regularidade de origem), vista toda argumentação discorrida neste capítulo em especial. Trata-se do zelo devido à tradição, não das potências, ou lojas, mas da maçonaria em si, enquanto instituição séria, de grande relevância perante a humanidade. Assim, garantir que uma potência que tenha surgido no seio da discórdia, da vaidade ou do charlatanismo, seja admitida como regular, verdadeira e legítima, o que neste caso não a diferenciaria de uma vertente religiosa que a cada discórdia, ou necessidade de expansão, busca homens e mulheres que interpretem de qualquer jeito as escrituras e abram empresas não tributáveis (igrejas).

> 2 – A crença no Grande Arquiteto do Universo (GADU) e em sua vontade revelada são condições essenciais para a admissão de novos membros; (GALDEANO, 2007, pg. 2)

Medeiros (2018) rememora que a cresça em um princípio criador é fundamental para instituir a questão moral prévia ao maçom, a lei moral que rege um credo religioso é, na maioria das vezes, o limitador fundamental do ser humano, visto que este naturalmente tende a desvirtuar-se do caminho se não lhe forem atribuídas as devidas consequências sobre suas ações, sendo essa a origem da expressão "ateu estúpido e libertino irreligioso", pois apresentam aqueles que caíram naquilo que é definido religiosamente como pecado.

3 - Todos os iniciados devem prestar sua Obrigação sobre o Livro da Lei Sagrada, ou com os olhos fixos sobre este Livro aberto, pelo qual é expressa a revelação do Alto, pela qual a consciência do indivíduo que se inicia está irrevogavelmente ligada; (GALDEANO, 2007, pg. 2)

Lembra-se que no Rito Moderno, é facultada a liberdade do iniciado prestar seus juramentos sob o livro da lei que retrate a sua fé íntima e pessoal, visto o compromisso moral que este clama, já visto na explanação dada sobre o item 2, relacionado ao G. A. D. U.

4 – A Grande Loja e as Lojas, particularmente, serão compostas apenas por homens; também não poderão manter relações com Lojas mistas ou femininas; (GALDEANO, 2007, pg. 2)

O respeito à tradição maçônica, a qual é expressa nos landmarques, princípios antigos de conduta, comportamento e contextos exotéricos e esotéricos. Remete a iniciação exclusiva de homens, incluindo a condicional de que fossem livres e de bons costumes, haja vista a configuração europeia na alta idade média e sua relação patriarcal enquanto sociedade.

5 – A Grande Loja exercerá o seu poder soberano sobre as Lojas de sua jurisdição, possuindo autoridade incontestável sobre os três graus simbólicos, sem qualquer subordinação a um Supremo Conselho ou a uma Potência que reivindique um controle ou vigilância sobre esses graus, nem repartirá sua autoridade com estes órgãos; (GALDEANO, 2007, pg. 2)

Observa-se que ao poder central é devida a autonomia e autoridade sobre as lojas a ela jurisdicionadas, de outra forma, não haveria necessidade de se ter um órgão que apenas uniformizasse ritualisticamente os três graus simbólicos ou apaziguasse conflitos entre oficinas. O reconhecimento e a capacidade política nascem da organização e da força que um grupo exerce em um contexto político, por exemplo.

6 – As Três Grandes Luzes (Livro da Lei, Esquadro e Compasso) serão sempre expostas nos trabalhos da Grande Loja e das Lojas de sua jurisdição; a principal Luz é o Livro da Lei Sagrada; (GALDEANO, 2007, pg. 2)

Simbolicamente o centro da ordem maçônica está englobado nessa tríade, sendo o esquadro o representante da retidão das ações de um maçom, o compasso representa a justa medida para com as questões que agitam a humanidade e o livro da lei como baluarte moral, o qual define o comportamento em sociedade da ordem.

> 7 – As discussões de ordem religiosa e política são interditadas nas Lojas; (GALDEANO, 2007, pg. 2)

Conforme apresentado por Medeiros (2018), a discussão de ordem sectária, ou seja, aquele tipo de discussão que tem por base a visão dogmática sobre determinado tema, seja uma postura religiosa radical, uma posição política doutrinária ou mesmo uma postura discriminatória por questão de origem e/ou etnia.

> 8 – Os princípios dos Antigos Landmarks, costumes e usos da Maçonaria, serão estritamente observados. (GALDEANO, 2007, pg. 2)

Medeiros (2018) aborda a importância que os princípios traduzidos pelos landmarques têm para com a instituição maçônica, sendo mais que simples códigos de conduta, abordando e traduzindo a filosofia que cada vertente almeja instituir de forma clara e atemporal. Lembrando que, dentre as diversas compilações de landmarques, o Rito Moderno adota as de Findel, que foram baseadas na Constituição de Anderson.

Portanto, pode-se entender que a potência que objetiva ser reconhecida, precisa resumidamente observar: **I - Regularidade de Origem**: ter o reconhecimento e a origem de sua tradição a partir de um Grande Oriente ou Grande Loja previamente regular junto às outras Potências. **II - Respeito às antigas regras**: traduzindo-se neste caso pela atenção a Constituição de Anderson, de 1723, com relação a cinco pontos fundamentais que simplificadamente traduzem-se em: a) absoluto respeito aos Landmarks; b) só aceitar homens livres e de bons costumes; c) ter como objetivo o aperfeiçoamento do Homem, e da Humanidade; d) a prática escrupulosa dos Rituais; e) o respeito às opiniões e crenças de cada um.

Atendidos a esses requisitos e conquistada à regularidade, para que haja reconhecimento deve-se agora observar o princípio da territorialidade, ou seja, uma potência somente poderá ser tida como regular e ainda reconhecida internacionalmente pela GLUI - Grande Loja Unida da Inglaterra, mediante as devidas gestões em tal sentido. Neste caso a exclusiva Jurisdição territorial por uma única potência, ou seja, em cada território nacional é dada a soberania apenas a uma única potência maçônica, exceto por mútuo consentimento e/ou tratado mútuo (observados elementos normativos distintos).

Ressalta-se que tanto a regularidade como o reconhecimento, neste caso por parte da GLUI - Grande Loja Unida da Inglaterra e podendo-se incluir também das Grandes Lojas Americanas, são elementos de elevada relevância no meio maçônico mundial, auxiliando na preservação dos membros, dos contextos históricos e das tradições que permeiam as instituições que atuam com a devida seriedade, visto que um Maçom irregular, em nenhuma hipótese poderia ser recebido em uma Loja regular para atuação ritualística, bem como os membros de oficinas regulares também são proibidos de realizarem visitas a corpos irregulares (destacando-se a necessidade do *List of the lodges* atualizado).

Deve-se observar que a "irregularidade" ou o não reconhecimento pela GLUI – Grande Loja Unida da Inglaterra, não significa necessariamente que a oficina ou potência não tenha valor social ou cultural, ou mesmo que não venha a desenvolver um trabalho sério junto à comunidade, da mesma forma que a regularidade e o reconhecimento não garantem que isso venha a ocorrer.

17.3 RECOGNISED GRAND LODGES IN SOUTH AMERICA
(Grandes Lojas Reconhecidas na América do Sul)

Aos maçons gobianos, observa-se que nenhuma tentativa de contato para com Potências estrangeiras deve ser realizada de forma direta (maçom e potência) sendo fundamental a tratativa obrigatória pela via oficial junto a GRANDE SECRETARIA GERAL DE RELAÇÕES EXTERIORES do Grande Oriente do Brasil - GOB. Dada a importância ao processo de contato protocolar entre potências, que sua violação é considerada crime por quebra de protocolo (violação de protocolo maçônico).

Atualmente no **List of The Lodges** fornecido on-line pela Grande Loja Unida da Inglaterra - GLUI, consta na lista de potências reconhecidas, regulares e legítimas no Brasil, tendo disponível eletronicamente sempre sua verção mais atual (www.ugle.org.uk/about/foreign-grand-lodges). Sendo que a Grande Loja Unida da Inglaterra - GLUI reconhece o apenas o Grande Oriente do Brasil – GOB como potência soberana em território nacional. Porém, não se pode descartar que as Grandes Lojas Estaduais os quais são corpos maçônicos independentes que estão vinculados à Confederação Maçônica Simbólica do Brasil - CMSB, também figuram na relação bem como a **Grande Loja Unida da Inglaterra: Grande Loja Distrital da América do Sul - Divisão Norte**, tratando-se de um distrito inglês em território nacional o qual trabalha diretamente associado à Grande Loja Unida da Inglaterra – GLUI o qual atua de maneira similar a um consulado britânico no Brasil.

Assim como o Grande Oriente do Brasil é uma unidade federativa, a qual é composta por uma relação de Grandes Orientes Estaduais Federados que gozam de relativa autonomia administrativa e soberania sobre cada território ao qual está responsável, existem aquelas potências maçônicas estaduais que estão vinculadas à Confederação Maçônica do Brasil - COMAB, a qual congrega os Grandes Orientes Estaduais os quais constam como reconhecidas pela edição americana do *List of the Lodges* o qual é largamente utilizada como parâmetro para intervisitação entre as potências regulares (GOB - CMBS - COMAB).

Tendo por base os levantamentos feitos pelo GOB – Grande Oriente do Brasil no ano de 2015 para fins estatísticos, constam aproximadamente 165 (cento e sessenta e cinco) potências maçônicas ativas em território nacional, sendo que constam da listagem os Grandes Orientes Estaduais federados ao Grande Oriente do Brasil, a Grande Loja Distrital da América do Sul - Divisão Norte que se reporta diretamente a Grande Loja Unida da Inglaterra, as Grandes Lojas Estaduais (CMBS), os Grande Orientes Estaduais (COMAB) e demais potências independentes diversas as quais são tidas como irregulares e espúrias, portanto não reconhecidas.

17.4 INTERVISITAÇÃO – ORIENTAÇÃO

Objetivando complementar a discussão sobre o tema intervisitação, apresenta-se a seguir o FAQ - *Frequently Asked Questions* (perguntas mais frequentes) utilizado pelo Grande Oriente do Brasil – GOB, ressalta-se que esta informação está listada de forma pública, este material é deveras norteador para a convivência harmônica entre maçons pertencentes a potências distintas e construídas a partir de questionamentos de Lojas Federadas ao Grande Oriente do Brasil e suas respectivas respostas (GOB, 2016, web):

> **01 – Os Maçons do GOB podem participar de sessão pública com a presença de Maçons pertencentes a Lojas de qualquer potência maçônica?**
>
> **Resposta:** Não há nenhum problema que Maçons do GOB participem de qualquer evento público, programado por qualquer entidade ou órgão não maçônico com a presença de cunhadas, sobrinhos, sobrinhas, autoridades profanas, convidados, convidadas e MAÇONS de diversas potências, regulares e irregulares, desde que a solenidade seja realizada sem qualquer formalidade ritualística maçônica e que nenhum dos presentes esteja trajando paramentos maçônicos, tais como aventais, colares, faixas, etc.
>
> **02 – Podem participar de uma Sessão ritualística maçônica, realizada por uma Loja Federada ao Grande Oriente do Brasil, com fins comemorativos, MAÇONS de diversas potências, mencionadas ou não em List of Lodges?, além de cunhadas, sobrinhos, sobrinhas, autoridades profanas, convidados e convidadas?**

Resposta: Podem, desde que somente os Maçons do GOB e das potências mencionadas em "List of Lodges", poderão estar trajados maçônicamente com aventais, faixas, colares etc., sendo que os Maçons de potências não citadas em "List of Lodges", não poderão participar do evento, com trajes maçônicos, ou seja, com aventais, faixas, colares, etc.

03 – Os Maçons do GOB podem participar de sessão ritualística realizada por uma Loja pertencente a uma Potência citada em "List of Lodges", em que estejam presentes Maçons pertencentes a outras potências maçônicas não mencionadas em "List of Lodges"?

Resposta: Os Maçons do GOB não podem participar de qualquer sessão ritualística em que estejam presentes Maçons de potências maçônicas não mencionadas em "List of Lodges, embora seja realizada por uma Loja pertencente a uma Potência citada em "List of Lodges".

04 – Os Maçons do GOB podem participar de eventos não maçônicos juntamente com Maçons de qualquer potência, mesmo que se trate de potência maçônica não relacionada em "List of Lodges"?

Resposta: Não existe e nem poderia existir nenhum impedimento para este tipo de participação conjunta.

05 – Os Maçons do GOB podem participar de atividades não maçônicas, para qualquer fim não maçônico, juntamente com Maçons de qualquer potência, mesmo que se trate de potência maçônica não relacionada em "List of Lodges"?

Resposta: Não existe e nem poderia existir nenhum impedimento para este tipo de participação conjunta.

06 – Os Maçons do GOB podem participar de associações não maçônicas, com objetivos não maçônicos, juntamente com Maçons de qualquer potência, mesmo que se trate de potência maçônica não relacionada em "List of Lodges"?

Resposta: Não existe e nem poderia existir nenhum impedimento para este tipo de participação conjunta.

07 – Como proceder quando um visitante comparecer a uma Loja Federada ao GOB, desejando assistir a uma Sessão Ritualística?

Resposta: A primeira providência é solicitar a identidade maçônica do visitante e, de forma reservada e discreta, verificar se a Potência Maçônica a que ele pertence está mencionada na publicação "List of Lodges", que o Poder Central enviou para a Loja por intermédio do Grande Oriente a que estiver jurisdicionada. Se o nome da Potência constar na publicação "List of Lodges", procede-se às verificações de praxe e caso contrário, ou seja, se não constar, informa-se ao visitante a impossibilidade de seu ingresso, tendo em vista que só podemos admitir quando se tratar de maçom que pertença a uma Potência mencionada em "List of Lodges".

08 – Maçons regulares do GOB, podem participar de evento com Maçons não paramentados, mas com foco em assuntos maçônicos e profanos visando inter-relacionamento, dele participando só Maçons do GOB e Maçons de potências não constantes do List of Lodges do GOB? Ex: Conselho de Veneráveis ou Conselhos de Mestres Instalados.

Resposta: É vedada a participação de maçons regulares do GOB em Conselho de Veneráveis Mestres, tendo em vista que gozam da qualidade de Mestres Instalados conforme se infere no disposto no parágrafo segundo do artigo 43 do RGF, donde se conclui que muito menos seria admissível a participação de membros de quaisquer outras potências, em hipótese alguma, em eventos da espécie. Vale ressaltar, no entanto, que conforme o disposto na parte final do citado parágrafo segundo, é admitida a participação de Mestres Instalados do GOB nas congregações estaduais e distrital de Veneráveis Mestres. Por oportuno, cabe enfatizar o texto do inciso III do artigo 43 do RGF que dispõe sobre a constituição do Conselho de Mestres Instalados, constituído por Ato de Grão-Mestre, para fins de instalação de um maçom eleito venerável mestre, grão-mestre e grão-mestre adjunto consoante o disposto no artigo 44 do RGF.

Dessa forma, torna-se mais claro o alcance e a dimensionalidade da legislação maçônica gobiana frente à questão da intervisitação, essa linguagem simples, direta e na forma de pergunta e resposta, auxilia o nivelamento sobre o entendimento da questão a todos os maçons federados ao Grande Oriente do Brasil – GOB.

18 SOBRE O AUTOR

O Autor é Professor Universitário, Escritor e Consultor Empresarial.

Mestre em Educação (políticas públicas) pela Universidade da Região de Joinville (UNIVILLE);

Especialista em Comunicação Integrada de Marketing (Lato-Sensu) pelo Centro Universitário de Jaraguá do Sul (UNERJ);

Bacharel em Sistemas de Informação pelo Centro Universitário de Jaraguá do Sul (UNERJ);

ROTARY INTERNATIONAL

Fundador e Membro ativo do Rotary Club Joinville - Floresta (D-4652);

Membro Honorário do Rotary E-Club de Jaraguá do Sul (D-4650);

Foi membro do Rotary Club de Jaraguá do Sul (D-4650) onde recebeu o título de Companheiro Paul Harris;

GRANDE ORIENTE DO BRASIL

Iniciado, Elevado e Exaltado na A. R. L. S. Fraternidade Acadêmica Ciência e Artes Nº 3685 do Rito Moderno (GOB-SC) no Oriente de Jaraguá do Sul - SC;

Fundador, Mestre Instalado e Deputado Estadual (PAEL - SC) pela A. R. L. S. Fraternidade Acadêmica Ciência e Arte Real Nº 4284 do Rito Moderno (GOB-SC) no Oriente de Joinville - SC;

Filiado a A. R. L. S. Ângelo Toccolini N° 4541 do Rito Moderno (GOB-SC) no Oriente de Joinville - SC;

Foi Coordenador da 3ª Circunscrição Joinville do Grande Oriente do Brasil em Santa Catarina durante a Gestão do Eminente Ir Adalberto Aluízio Eyng - Grão Mestre do GOB-SC (Gestão 2015 a 2019);

ORDENS DE SABEDORIA DO RITO MODERNO

Iniciado nos Graus 4, 5, 6 e 7 dos Graus Filosóficos do Rito Moderno no S. C. R. Cavaleiros da Verdade N° 25 (SCRM) ao Vale de Brusque - SC;

Fundador, Ex-presidente e membro do S. C. R. Caminho dos Príncipes N° 30 do Rito Moderno (SCRM) ao Vale de Joinville - SC;

Grau 8 - Cavaleiro da Águia Branca e Preta (Kadosh) Inspetor do Rito e membro do Grande Conselho Kadosh Filosófico do Rito Moderno para Santa Catarina (GCKFRMSC - SCRM);

ORDENS DE APERFEIÇOAMENTO MAÇÔNICO DO GRANDE ORIENTE DO BRASIL

Companheiro do Arco Real pelo Supremo Grande Capítulo de Maçons do Arco Real do Brasil - Capítulo Joinville n° 88.

Mestre Maçom da Marca pela Grande Loja de Mestres Maçons da Marca do Brasil - GLMMM - Loja de Mestres Maçons da Marca Sanctum Sanctorum N° 40.

Nauta da Arca Real pela Antiga e Honrosa Fraternidade de Nautas da Arca Real do Brasil - Loja de Nautas da Arca Real Sanctum Sanctorum N° 40.

19 REFERÊNCIAS BIBLIOGRÁFICAS

A Bíblia Sagrada. **Rio de Janeiro:** Royal Bible & Imprensa Bíblica Brasileira; 1997.

ALARCÃO, Isabel (Org.). **Escola Reflexiva e Nova Racionalidade**. Porto Alegre: Artmed, 2001.

Associação Brasileira de Coaching. **A pirâmide de aprendizagem de William Glasser**. Disponível em: <http://associacaobrasileiradecoaching.net/index.php/2016/08/04/a-piramide-de-aprendizagem-de-william-glasser/> Acesso em 07 Nov. 2016

ARISTÓTELES. **Ética a Nicômaco**: tradução de Leonel Vallandro e Gerd Bornheim da versão inglesa de W.D. Ross; **Poética**: tradução, comentários e índices analítico e onomástico de Eudoro de Souza. 4ª ed. São Paulo: Nova Cultural, 1991.

CARRÃO, Ana Maria Romano; MONTEBELO, Maria Imaculada de Lima. **Os conceitos de teoria e prática na percepção de egressos do curso de administração**. UNIMEP In Revista ANGRAD, v. 10, n. 3, Julho/Agosto/Setembro 2009.

CAMINO, Rizzardo da. **O Companheirismo Maçônico**. São Paulo: Livraria Maçônica Paulo Fuchs. 2001.

___________. **Dicionário Maçônico**. 3ª ed. São Paulo: Madras. 2010.

CASTELLANI, José. **O bode na maçonaria**. 2008. Disponível em: <http://www.pedreiroslivres.com.br/?area=artigos/p1/30>. Acesso em: 07 Out. 2016.

COMTE-SPONVILLE, André. **Pequeno Tratado das Grandes Virtudes**. São Paulo: Martins Fontes. 1999.

CONCEITO.DE. **Justiça**. 2015. Disponível em: <http://conceito.de/justica> Acesso em 13 mai. 2015.

ENCICLOGRAFICA – Enciclopédia Gráfica. **Cruz**: Suas Formas e Significados. Tradução: Pe. André Hieromonge. Original disponível em: <http://www.sitographics.com/enciclog/Heraldic/cruces /index.html>. Tradução disponível em: <http://www.ecclesia.com .br/biblioteca/miscelanea/cruz_suas_formas_e_seus_significados.html> Acesso em 19 out. 2016.

FREIRE, Paulo. **Pedagogia da autonomia**: saberes necessários à prática educativa. 7. ed., Rio de Janeiro: Paz e Terra, 1998.

GALDEANO, Lucas Francisco. **Antecedentes e Fundamentos Históricos do Convênio de Aliança Fraternal entre o Grande Oriente do Brasil e The United Grand Lodge Of England**. PIETRESTONES REVIEW OF FREEMASONRY. 2007. Disponível em: <http://www.freemasons-freemasonry.com> Acesso em 28 Out. 2016 (Original disponível em Grande Oriente do Brasil - GOB. Anuário da Loja de Pesquisas Maçônicas. Volume I. São Paulo: GOB. 1996 – Páginas 24 a 40)

GOB - Grande Oriente do Brasil. **Constituição do Grande Oriente do Brasil**. Distrito Federal: GOB. 2007.

______. **Regulamento Geral da Federação.** Distrito Federal: GOB. 2008.

______. **Ritual de Companheiro Maçom** – Rito Moderno / Francês. Distrito Federal: GOB. 2009.

______. **A maçonaria regular no Brasil** – diálogos e propostas. Disponível em: <http://www.gob.org.br/a-maconaria-regular-no-brasil-dialogos-e-propostas/> Acesso em: 30 Set. 2016.

INSTITUTO DE FILOSOFIA. **Grandes filósofos brasileiros**. 2011. Disponível em: <http://www.institutodefilosofia.com.br/> Acesso em 22 Out. 2016.

JOSEPH, Miriam. **Trivium**: As artes liberais da Lógica, Gramática e Retórica. São Paulo: É Realizações Editora. 2015.

JUNG, Carl Gustav. **O homem e seus símbolos**. Tradução de Maria Lúcia Pinho. Nova Edição. Rio de Janeiro: Nova Fronteira. 2008.

MEDEIROS, Jonas de. **O Rito Moderno (Francês) Ensaios Filosóficos:** Uma história no Vale de Joinville. São Paulo: A Gazeta Maçônica. 2017.

MUNIZ, André Otávio Assis. **Novo Manual do Rito Moderno** - Grau de Companheiro (Completo). São Paulo: A Gazeta Maçônica. 2007.

FIGUEIREDO, Antônio Macena. **Ética**: origens e distinção da moral. In Revista Saúde, Ética & Justiça. 2008;13(1):1-9.

PEREIRA, Juvenal Antunes. **Mistérios maçônicos, símbolos perdidos e rastros de intolerância**. Brasília – DF: ALPHA Gráfica e Editora. 2011.

PINTO, Álvaro Vieira. **O conceito de tecnologia**. Volumes 1 e 2. Rio de Janeiro: Contraponto, 2005.

ROTARY. **Quem somos**. 2016. Disponível em <http://www.rotary.org.br> Acesso em 13 Nov. 2016.

RUAS, Carlos. **Coisa Séria**. In Um Sábado Qualquer. Disponível em: <http://www.umsabadoqualquer.com/> Acesso em: 21 Out. 2016.

SCRM – Supremo Conselho do Rito Moderno. **NORMAS – LEGISLAÇÃO – PROCEDIMENTOS**. São Paulo: SCRM. 2015.

SHIGUE, Carlos Yujiro. **As sete artes liberais**. Material didático do Projeto Stoa – USP (2012)[25]. Disponível em: <http://stoa.usp.br/cyshigue/files> Acesso em: 17 out. 2016.

SILVA, Marcos José da. **Palestra Inter visitação, Regularidade e Reconhecimento: Com o soberano Marcos José da Silva.** In: GOB – Grande Oriente do Brasil. Disponível em: <http://www.gob.org.br/soberano-marcos-jose-profere-palestra-sobre-intervisitacao/> Acesso em: 30 Mai. 2016.

---

[25] O **projeto Stoa** é uma rede de colaboração dos estudantes, professores, funcionários e ex-membros da Universidade de São Paulo (USP). Com o objetivo de promover uma maior interação entre os membros da comunidade USP, criar um espaço onde cada pessoa dentro da Universidade tenha uma identidade digital de fácil acesso, tanto para quem está dentro da USP, quanto para a comunidade externa, e fornece um sistema que facilita aos professores a administração de seus cursos para os estudantes.

9 781691 293193